# TEMPEL DER POMONA

## IM SCHLOSSPARK
## BAD HOMBURG V. D. HÖHE

# 3 HERRSCHAFTLICHER OBSTGARTEN

Inken Formann, Gerd Schurig, Gerd-Helge Vogel

# 4 POMONAS WELT

Inken Formann

# GRUSSWORT

2020 wurde der „Tempel der Pomona" im Schlosspark Bad Homburg vor der Höhe rekonstruiert. Ganz im Sinne der namensgebenden römischen Göttin der Baumfrüchte birgt der vier mal vier Meter kleine Gartentempel nun eine Dauerausstellung zur Obstkultur. Außen weitgehend historisch anmutend, zeigt das Innere mit 158 Exponaten die Welt der historischen Apfel- und Birnensorten. Ebenso wird in moderner Formensprache die Geschichte des an der China-Mode des 18. Jahrhunderts orientierten Gebäudes und des landschaftlichen Gartenteils erzählt.

Möglich gemacht wurde das Projekt durch Sondermittel des Landes Hessen im Programm „Erhaltung historisches Erbe" und durch bürgerschaftliches Engagement: Bürgerinnen und Bürger, die einen Ziegelstein erwarben und Holzäpfel stifteten, haben den Bau und die Ausstellung genauso unterstützt wie Sponsoren rund um das Kuratorium Bad Homburger Schloss. Mein herzlicher Dank gilt dieser breiten Unterstützung. Genauso danke ich allen an der Umsetzung Beteiligten und den Beschäftigten der Staatlichen Schlössern und Gärten Hessen. Ich wünsche der Ausstellung viele begeisterte Gäste und den begleitenden Bildungsangeboten Zuspruch aus allen Altersgruppen.

▶ **Ayse Asar**
Staatssekretärin im Hessischen Ministerium
für Wissenschaft und Kunst

▶ Der Tempel der Pomona
kurz nach seiner Fertigstellung,
Herbst 2020
*Foto: Staatliche Schlösser
und Gärten Hessen,
Alexander Paul Englert*

# 1 PROLOG

## VORWORT UND DANK

Lange stand ein Bauzaun im Bad Homburger Schlosspark. Seit Oktober 2020 aber ziert wieder ein Gartengebäude den höchsten Punkt der „Fantasie": In einer Sichtachse gelegen und daher bereits vom Schlosshof aus erkennbar, lädt der nach der ältesten erhaltenen Ansicht von 1846 rekonstruierte Tempel der Pomona zum Besuch der landschaftlichen Parkpartie jenseits des Schlossteichs ein.

Erstmals erwähnt wurde das explizit der römischen Göttin der Baumfrüchte und Hüterin der Obstgärten gewidmete Gartengebäude 1776 in einem Brief des Landgrafen Friedrich V. Ludwig von Hessen-Homburg (1748–1820). Es war lauschiger Rückzugsort in der ab 1771 mit landschaftlichen Schlängelwegen und lichtem Gehölzbestand gestalteten Parkpartie nahe dem Herrschaftlichen Obstgarten.

Bereits mehrfach wurde das Gartenhaus in der Vergangenheit instandgesetzt: 1846 empfahl man die Wiederherstellung des „chinesischen Häuschen", und auch 1873 wurde das „Lusthäuschen" samt Dachdeckung aus Schiefer, Simsverzierung und Drachenelementen erneuert. 1952 entstand das im Zweiten Weltkrieg beschädigte Gebäude als offener Pavillon neu. Dieser wurde bei der Rekonstruktion 2020 integriert.

▶ Pomologische Apfelornamente: die Fensterläden des Tempels der Pomona
*Foto: Staatliche Schlösser und Gärten Hessen, Uwe Dettmar*

Im Inneren des 16 m² kleinen Gebäudes ist nun mit einer Dauerausstellung zur Obstkultur ein üppiges Schatzkästchen verbor-
gen, das Einzelbesucher:innen und Familien, aber auch Kinder-
gartengruppen und Schulklassen zum Staunen und Lernen
einlädt. Es ist nur ein kleines Gebäude, doch die Arbeitsschritte
waren genauso vielfältig wie bei einem großen Haus. Die Durch-
führung wurde ermöglicht durch die enge Zusammenarbeit
der Bau- und Gartenabteilung der SG unter Projektleitung von
Susanne Erbel (Instandsetzung Gebäude) und Dr. Inken Formann
(Ausstellung und Umfeld). Viele Arbeitsschritte haben ineinander-
gegriffen, sowohl in der Forschung, im Bau als auch in der Ausstellungsgestaltung, für die sich das Studio Forell leitend verantwortlich zeigte. Mit der Neupflanzung von Sträuchern und
Gehölzen an einst vorhandenen Standorten und der Wiederherstellung historisch vorhandener Wegeverläufe – ausgeführt vom
Team der Schlossgärtner:innen rund um Peter Vornholt – ist
auch das Umfeld wieder entsprechend der Bestandspläne von
1893 und 1898 zu erleben.

Die Baukosten des Tempels der Pomona von 176.000 € wurden
aus dem Landesprogramm Erhaltung Historisches Erbe (EHE)
(80.000 €), aus den Mitteln des Bauunterhalts der SG (46.000 €)
und aus Spenden des Kuratoriums Bad Homburger Schloss e.V.
(50.000 €) finanziert. Die großzügige Spende für die Instandsetzung des Tempels der Pomona ist nur der jüngste Teil des
ideellen und finanziellen Engagements des Kuratoriums, das sich
1982 unter dem Namen „Kuratorium zur Erneuerung der Bad
Homburger Schlosskirche e.V." gegründet hatte. Seitdem hat es
zahlreiche Projekte in Schloss und Park mit Spenden unterstützt:
darunter auch die Wiederbepflanzung des Herrschaftlichen
Obstgartens im Jahr 2003.

Dank gilt auch dem Hessischen Pomologenverein, insbesondere Steffen Kahl, der die ausgestellten historischen Obstsorten an echten Bäumen geerntet hat. Die Firma Somso hat sie in detailreicher Handarbeit naturgetreu nachgebildet. Die vom Drechsler des Hessenparks, Bernd Lukesch, hergestellten 60 Äpfel aus verschiedenen Holzarten wurden von der Bad Homburger Märchenerzählerin Michaele Scherenberg gestiftet.

Wir freuen uns, in einem breit angelegten Veranstaltungsprogramm sowie spannenden Lernangeboten im Rahmen der Reihe „Wissen wächst im Garten" die Geschichte dieser Gartenpartie ebenso wie die Besonderheiten der Obstkultur an Interessierte weiterzugeben.

Näheres erfahren Sie auf www.schloesser-hessen.de und auf www.TempelderPomona.de.

▶ **Kirsten Worms**
Direktorin, Staatliche Schlösser und Gärten Hessen

HISTORISCHE KULTURAPFELSORTEN
(MALUS DOMESTICA)

„EIN WAHRER PRACHTVOLLER, SEHR GROSSER VORTREFFLICHER
HERBSTAPFEL VON EINEM RECHT ANGENEHMEN HIMBEERGESCHMACK...
DIE FRUCHT HAT EINEN STARKEN VIOLENARTIGEN GERUCH..."
AUGUST FRIEDRICH ADRIAN DIEL 1821 ÜBER 'KAISER ALEXANDER'

▶ Blick in die Ausstellung
*Foto: Staatliche Schlösser und Gärten Hessen, Uwe Dettmar*

## POMONA: DIE GÖTTIN DER FRÜCHTE

Dieses Gartengebäude ist Pomona gewidmet, der römischen Göttin der Baumfrüchte und Beschützerin der Obstgärten. Sie lag im ewigen Wettstreit mit Ceres, der Göttin der Feldfrüchte und Kräuter. Ihr Name leitet sich vom lateinischen Wort „pomum" für „Baum- / Obstfrucht" ab. In Allegorien der vier Jahreszeiten verkörpert Pomona den Herbst. Ihre Attribute sind die gebogene Gärtnerhippe und ein Füllhorn, aus dem Früchte quellen.

„Von allen Dryaden Latiums pflegte nicht eine geschickter die Gärten [als Pomona], nicht eine war mit höherem Eifer um die Anzucht des Obstes bemüht. Auch ihr Name stammte daher: Nicht Wälder und Flüsse liebte sie, Fluren allein und von köstlichem Obst vollhangende Zweige."
*(Metamorphosen des römischen Dichters Ovid, XIV, V 622f., entstanden um 1–8 nach Christus)*

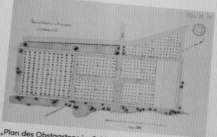

„Plan des Obstgartens im Schlossgarten zu Homburg", 1876 (?)
(Stiftung Preußische Schlösser und Gärten Berlin-Brandenburg, GK II (1) Mappe Homburg)

## DIE AUSSTELLUNG ZUR OBSTKULTUR

Pomona ist die römische Göttin der Baumfrüchte und die Beschützerin der Obstgärten. Ihr Name leitet sich vom lateinischen Wort „pomum" für „Baum- / Obstfrucht" ab. Ihr zur Ehren entstanden viele Kunstwerke, oft inspiriert von den Sagen des Ovid.

„Von allen Dryaden Latiums pflegte nicht eine geschickter die Gärten [als Pomona], nicht eine war mit höherem Eifer um die Anzucht des Obstes bemüht. Auch ihr Name stammte daher: Nicht Wälder und Flüsse liebte sie, Fluren allein und von köstlichem Obst vollhangende Zweige."
*(Metamorphosen des römischen Dichters Ovid, XIV, V 622f., entstanden um 1–8 nach Christus)*

In Gärten und Parks taucht sie oft in Form von Statuen auf: Ganz im Sinne des Segens einer reichen Obsternte verkörpert Pomona in Allegorien der vier Jahreszeiten den Herbst. Ihre Attribute sind die gebogene Gärtnerhippe und ein Füllhorn, aus dem Früchte quellen.

Ihr zu Ehren wurden nicht nur im Schlosspark Bad Homburg ein Gartentempel errichtet. Karl Friedrich Schinkels erster realisierter Bauentwurf etwa war 1801 der „Temple de Pomone" auf dem Pfingstberg in Potsdam: ein quadratischer Teepavillon in strengen klassischen Formen nach antiken Vorbildern mit Portikus und vier hölzernen, ionischen Säulen.

Im Schlosspark Bad Homburg liegt der Tempel der Pomona in der Fantasie in unmittelbarer Nähe des Herrschaftlichen Obstgartens – Anlass genug, die spannende Welt des Obstes auch zum Thema der Dauerausstellung im Inneren zu machen. Auch die wechselvolle Baugeschichte des Tempels und die

▶ Pomona: Die Göttin der Baumfrüchte
*Foto: Staatliche Schlösser und Gärten Hessen, Alexander Paul Englert*

Entwicklung und Wiederherstellung der Parkpartie sollte hier für Besucher:innen auf spannende Weise dargestellt werden. Ziel war, nicht nur das Gartengebäude als Anziehungspunkt im Park wiederherzustellen, sondern ergänzend zu den Ausstellungen im Schloss ein Sondermuseum mit Gartenfokus zu schaffen.

Grundlage für die Rekonstruktion des Gartengebäudes wie für die Konzeption der Ausstellung war zunächst umfangreiche Grundlagenforschung: Bauakten und Rechnungsbücher, Entwurfs- und Situationspläne sowie historische Inventare wurden intensiv unter neuen Gesichtspunkten ausgewertet. Insbesondere die Garten-Inventare aus den Jahren 1893–1906 waren aufschlussreiche Quellen: Sie dokumentieren die Arten, Sorten und Mengen des einstig im Schlosspark vorhandenen Obstbaumbestands. Die Akten bergen nicht nur umfangreiche Pflanzenlisten, sondern auch detaillierte, datierte Pläne aller Gartenpartien, in denen Obst angebaut wurde. Samt Zuordnung zu einzelnen Baumstandorten und Nennung der Kultivierungsform sind sie auch für die gartendenkmalpflegerische Wiederherstellung der Nutzgartenpartien eine wichtige Grundlage. Nach diesen Aufzeichnungen gab es zwischen 1893 und 1906 eine eindrucksvolle Anzahl von 1073 Obstbäumen in mindestens 203 verschiedenen Sorten in den Obst- und Gemüsequartieren des Homburger Schlossparks. Als Früchte sind in den Inventaren Äpfel, Birnen, Kirschen, Renekloden, Pflaumen, Zwetschgen, Mirabellen, Aprikosen und Pfirsiche unterschieden. Die genannten historischen Apfel- und Birnensorten waren Grundlage für die Auswahl der Exponate: die Früchte können als naturgetreue Nachbildungen in der Ausstellung im Tempel der Pomona bewundert werden.

▶ Sortenliste und „Situationsplan der Obstplantage im Zwetschengarten", 1906 aus: Garteninventar 1893–1906 *Staatliche Schlösser und Gärten Hessen, Sig. 40-A-71-5109*

Laubengang

Situationsplan der Obstplantage im Zwetschengarten. 1906.

| Nr. | | Nr. | | Nr. | | Nr. | |
|---|---|---|---|---|---|---|---|
| 1 | Rote Himling | 40 | Esperens Bergamott | 79 | | 118 | W. Golsparmäne |
| 2 | | 41 | Esperens Bergamott | 80 | Diels B.B. | 119 | Birne ? |
| 3 | Edelborsdorfer | 42 | Ananas Rtte. | 81 | Mirabelle | 120 | |
| 4 | Diels B.B. | 43 | Regentin | 82 | Diels B.B. | 121 | W. Golsparmäne |
| 5 | Ananas Rtte. | 44 | Kirsche | 83 | Bergamotte | 122 | W. Golsparmäne |
| 6 | Bismarckapfel | 45 | Diels B.B. | 84 | Mirabelle | 123 | Pomäne |
| 7 | Nork.m.m.schick | 46 | Pflaume | 85 | Diels B.B. | 124 | Cox H. P.B. |
| 8 | früher Viktoria | 47 | Alexanderbirn | 86 | Regentin | 125 | Hemmington Parmäne |
| 9 | Königl. Kurzstiel | 48 | Diels B.B. | 87 | Schöner v. Andenum | 126 | Hemmington Parmäne |
| 10 | gelbe v. Solsheim | 49 | Esperens Bergamott | 88 | Forellenbirn | 127 | Runde Rtte. |
| 11 | grüne Rtte. | 50 | Zierpflaume | 89 | Diels B.B. | 128 | gute Grane |
| 12 | Charlamowsky | 51 | Landsberger Rtte. | 90 | grüner Fürstenap | 129 | Hemmington Parmäne |
| 13 | Mirabelle | 52 | Morgenduft | 91 | Diels B.B. | 130 | Birne ? |
| 14 | Kirsche | 53 | Diels B.B. | 92 | Apfel ? | 131 | Ribstons Pepping |
| 15 | Gascoigne | 54 | Esperens Herrenbirn | 93 | Kirsche | 132 | Ribstons Pepping |
| 16 | Regentin | 55 | W. Asperis Fruhbutte | 94 | Diels B.B. | 133 | Birne ? |
| 17 | Kirsche | 56 | Roter Fruhbutte | 95 | grüner Fürstenap | 134 | Ribstons Pepping |
| 18 | Diels B.B. | 57 | W. Golsparmäne | 96 | | 135 | Ribstons Pepping |
| 19 | Kirsche | 58 | | 97 | | 136 | Maria mundi |
| 20 | neue Poiteau | 59 | Königin Apfel | 98 | | 137 | Budapest Leckerbissen |
| 21 | Schöner v. Bahle | 60 | Diels B.B. | 99 | Diels B.B. | 138 | Beste birn |
| 22 | W. Golsparmäne | 61 | gelbe Pflaume | 100 | Zierpflaume ? | 139 | Hauszwetsche |
| 23 | gute Louise v. Avr. | 62 | Diels B.B. | 101 | Diels B.B. | 140 | Edelborsdorfer |
| 24 | gute Louise v. Avranch | 63 | Kirsche sauer | 102 | Mirabelle | 141 | Hauszwetsche |
| 25 | Fax Spital Rtte. | 64 | Mirabelle | 103 | Diels B.B. | 142 | Zierzwetsche |
| 26 | neue Poiteau | 65 | Mirabelle groß | 104 | Pflaume | 143 | Hauszwetsche |
| 27 | Abbe Niklmeyer | 66 | Diels B.B. | 105 | Kellini | 144 | Bühler Zwetsche |
| 28 | Regentin | 67 | Birne ? | 106 | Winter Citronen | 145 | Diels B.B. |
| 29 | Kirsche | 68 | Mirabelle | 107 | Mirabelle | 146 | Hauszwetsche |
| 30 | Diels B.B. | 69 | Diels | 108 | Grüne Martin | 147 | Bestebirn |
| 31 | Mirabelle | 70 | Kaiser Prinz Albert | 109 | Charlamowsky | 148 | Zierzwetsche |
| 32 | Drunkowa B.B. | 71 | W. Golsparmäne | 110 | gute v. Toulouse | 149 | Pflaume |
| 33 | Mirabelle | 72 | Diels B.B. | 111 | Schmer Birne | 150 | Hauszwetsche |
| 34 | Diels B.B. | 73 | Rost Hoyelbr B. | 112 | Schmalzbirne | 151 | Pflaume |
| 35 | Schöner v. Poitiou | 74 | Birne | 113 | Edel Crasame | 152 | Hauszwetsche |
| 36 | Brauner Matapfel | 75 | Roter St. Kirner | 114 | Edel Crasame | 153 |  |
| 37 | grüne H. B.B. | 76 | Regentin | 115 | | | |
| 38 | grüne H. B.B. | 77 | Rote St. Kirner | 116 | Brauner Matapfel | | |
| 39 | grüner Matapfel | 78 | frühe Birne | 117 | Schmalzbirne | | |

Die 84 Fruchtmodelle, per Hand in akribischer Feinarbeit von der Firma Somso hergestellt, zeigen einen kleinen Teil der historischen Sortenvielfalt und des heute üblichen, in Supermärkten zu erwerbenden Repertoires. Davon sind 60 Äpfel, eine Quitte und 19 Birnen, die zu einem großen Teil erstmals als Modelle nachgebildet wurden. Ihr Erscheinungsbild ist so realistisch, dass man fast reinbeißen möchte.

Die echten Früchte, die als Vorlagen für die Modelle dienten, wurden vom Pomologenverein an bestehenden Bäumen an verschiedenen Orten in Hessen gepflückt. Ausgesucht wurden die Früchte nach bestmöglicher Ausbildung der Sortenmerkmale und optimalem Wuchsbild.

Doch die Ausstellung besteht nicht alleine aus der Präsentation der Fruchtmodelle. Nachzulesen ist zu jedem der in sieben Wandnischen ausgestellten Exponate Hintergrundwissen: den oftmals klingenden Sortennamen und das Jahr, in dem die Sorte erstmals in der Literatur erwähnt wurde oder wann sie gezüchtet wurde. Ebenso werden Herkunftsort/-land, die Erntezeit, die Zeit der Genussreife und die Lagerfähigkeit/Haltbarkeit im Frischluft-/CA-Lager genannt. Grundlage für die Zusammenstellung dieser Informationen war vor allem die Forschung von Clemens Alexander Wimmer („Geschichte und Verwendung alter Obstsorten", Berlin 2003).

▶ Hintergrundwissen
zu den Obstsorten
*Foto: Staatliche Schlösser und
Gärten Hessen, Uwe Dettmar*

Auch wurde in der Ausstellung zusammengetragen, ob die Sorte laut Inventar 1893–1906 einst im Schlosspark vorhanden war und ob sie heute auf der „Roten Liste der gefährdeten einheimischen Nutzpflanzen in Deutschland" steht und damit vom Aussterben bedroht ist. Von den 14 historischen Birnensorten etwa sind heute neun gefährdet, 13 wurden und werden auch zukünftig wieder im Schlosspark kultiviert. Von den 54 historischen Apfelsorten standen 34 einst im Schlosspark, bis auf die Sorte 'Jonathan' sind alle vom Aussterben bedroht. Unter den Äpfeln sind auch 15 hessische Lokalsorten. Sie stammen aus Hessen und werden vom Pomologenverein in Hessen als regionale Besonderheiten erhalten. Gesichert wird von diesem nicht nur eine Sortenvielfalt als Teil der Artenvielfalt und Biodiversität, sondern auch regionale Geschichte, die wiederum mit der Ausstellung ein Stück weit sichtbar gemacht wird.

Wir erahnen auch die heute kaum mehr bekannte Geschmacksvielfalt der Früchte. Geschmackserlebnisse wie zimtartig, an Ananas erinnernd, Himbeergeschmack mit violenartigem Geruch oder nach Erdbeeren schmeckend schaffen ein Bewusstsein für die Besonderheiten historischer Sorten und machen neugierig, die echten Früchte zu probieren oder gar selber anzubauen. Selbst die Bezugsquellen alter Sorten lassen sich in der Ausstellung entdecken.

▶ Die Apfelsorte 'Rheinische Schafsnase' in der Ausstellung
*Foto: Staatliche Schlösser und Gärten Hessen, Uwe Dettmar*

Gezeigt werden in einer Wandnische auch zehn Apfel- und fünf Birnensorten, die zu den europaweit rund 25 Sorten gehören, die in Supermärkten zu erwerben sind. Der Vergleich der bereits zuvor genannten Informationen mit den historischen Sorten macht sichtbar, dass es sich hierbei fast ausschließlich um Früchte handelt, die im 20. Jahrhundert gezüchtet wurden und deren Geschmacksnuancen sehr viel geringer ausfallen.

Neben den real anmutenden Früchten zeigt die Ausstellung auch 60 aus unterschiedlichen Hölzern gedrechselte Äpfel. Sie sind die letzten Überreste verschiedener Bäume, die alters- oder pilzbedingt, durch Sturmereignisse oder aus anderen Gründen gefällt werden mussten. Ergänzt um Zukäufe von im Handel angebotenen Hölzern wird nicht nur die Verschiedenartigkeit und Schönheit von Holz gezeigt, sondern auch das genetische Erbe der Einzelbäume als ansonsten verlorene Originalsubstanz bewahrt. Gesammelt und hergestellt wurden sie in den Jahren 2015 bis 2020 vom Drechsler des Hessenparks, Bernd Lukesch. Gestiftet hat diesen kleinen Schatz die Bad Homburgerin Michaele Scherenberg. Nachzulesen ist für jeden Apfel der deutsche und botanische Name sowie die Wuchsart der einstigen Pflanze und seine individuelle Herkunft.

Als einzig vom historischen Vorgängerbau erhaltener Originalbefund wird im Zentrum der dem Eingang gegenüberliegenden Wandnische ein Wasserspeier in Drachenform präsentiert. Ursprünglich gab es wohl vier dieser Regenrinnen, er wurde 1952 gesichert und in die Inventarisierung der Kunstwerke, Möbel und Bauteile der SG aufgenommen.

▶ Der Wasserspeier
in Drachenform
*Foto: Staatliche Schlösser und
Gärten Hessen, Uwe Dettmar*

Ergänzend zu den Wandexponaten gibt es eine weitere Vermitt-
lungsebene: Erlebbar gemacht wird an einem zentralen Tisch
der Aufbau eines Apfels anhand eines dreidimensionalen Modells
sowie die Entwicklungsgeschichte des Gartengebäudes und
seines räumlichen Umfelds. Neben dem Blick in die Geschichte
werden hier auch Einblicke in die Wiederherstellung und Erhaltung des Tempels und der Fantasie gegeben. Die Bau- und
Gartengeschichte wurde ebenfalls erstmals anhand der in verschiedenen Archiven überlieferten Quellen und dem überkommenen Bestand dargestellt.

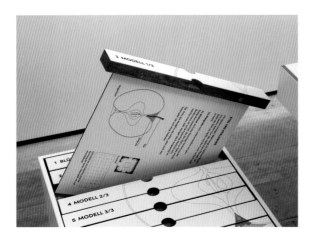 

Vertieft werden alle Themen in vier Hockern, aus denen man
je acht doppelseitig bedruckte Schubfächer herausziehen kann.
Insgesamt stehen so 64 Vertiefungsthemen zum Lesen bereit
– genau passend für eine Schulklasse. Die Vision ist, dass sich
eine solche Gruppe für eine Schulstunde im Garten auf der Wiese
vor den Tempel niederlässt und die Schüler:innen das angebotene
Wissen in Kurzreferaten miteinander teilen. Für alle Lehrer:innen,
die sich auf diese neue Unterrichtsform einlassen, birgt einer
der Hocker ein augenzwinkerndes Dankeschön.

Unterrichtsstunden im Garten sind auch möglich anhand zweier in den Hockern verborgener dreidimensionaler Modelle, die zum Anfassen einladen. Sehr vergrößert lassen sich hier der Aufbau einer Kirschblüte und der Prozess der Befruchtung nachvollziehen.

Insgesamt werden so 158 Exponate und 68 erläuternde Texte präsentiert, anhand deren man in Pomonas Welt reisen und mehr über die Vielfalt der historischen Ostsorten erfahren kann. Neben Kultivierung, Ernte, Geschmack oder Verwendung von Obst lernt man Pflaume und Zwetschge oder Reineklode und Mirabelle zu unterscheiden, erfährt mehr über die Herkunft von Äpfeln und die Mengen, die einst im Schlosspark angebaut wurden. Ebenso findet man Antworten darauf, warum es sich lohnt, historische Obstsorten anzubauen, regionale Äpfel zu ihren Erntezeiten zu essen, welchen Beitrag Bienen leisten oder warum Äpfel so gesund sind und aufgeschnittene Äpfel braun werden. Kurzweilig können hier Kenntnisse aus dem Biologieunterricht aufgefrischt werden, wenn der Aufbau einer Blüte, eines Apfels, der Bestäubungsvorgang durch Bienen oder der Wandlungsprozess von Blüte zur Frucht im Detail erklärt werden. Auch wird der Blick geschärft, dass es noch im 19. Jahrhundert über 21.000 historische Apfel- und Birnensorten gab, dagegen heute europaweit nur noch rund 25 Sorten im Handel und viele Sorten vom Aussterben bedroht sind.

▶ **Dr. Inken Formann**
Leiterin des Fachgebiets Gärten,
Staatliche Schlösser und Gärten Hessen

▶ Vertiefende Informationen
in den Hockern
*Fotos: Staatliche Schlösser und
Gärten Hessen, Uwe Dettmar*

## AUSSTELLUNGSKONZEPT

Im intensiven Diskurs mit der Auftraggeberin hat Studio Forell
die Ausstellung im Tempel der Pomona als auratische, narrative
Ausstellung konzipiert und gestaltet. Im Fokus standen dabei
ein inhaltsbasierter, emotionaler und authentischer Ansatz sowie
eine ganzheitliche, gesamtgestalterische Umsetzung. Informationen wurden in spannend erzählte Geschichten übersetzt,
die von den Besucher:innen in ganz unterschiedlicher Intensität
intuitiv, reflexiv oder auch einfach nur „en passant" rezipiert
werden können. In der Ausstellung werden bei den Besucher:innen
Erinnerungen wachgerufen, die bis in die frühe Kindheit zurück-
reichen: So erging es mir. Der Geschmack des ersten Boskoop-
Apfels, den mir mein Großvater während einer gemeinsamen
Wanderung geschält hat.

▶ Kontextualisierende Ornamente
gewähren erste Einblicke
*Foto: Staatliche Schlösser und
Gärten Hessen, Uwe Dettmar*

### Prolog

Vom oberen Teil des Schlossparks kommend, erreichen die Besucher:innen den Tempel der Pomona und gelangen zum zentralen Eingang. Die Fensterläden der drei Fassadenöffnungen an Nord-, Ost- und Südseite des Gebäudes tragen Ornamente, die von Apfelblüten und -früchten abgeleitet sind und an die Ornamentik chinoiser Architekturelemente erinnern. Die ornamentierten Flächen ersetzen die einst vorhandenen Fensterläden und präsentieren sich auf den ersten Blick erkennbar als moderne, dem Bestand hinzugefügte Elemente am ansonsten nach historischem Vorbild rekonstruierten Gebäude. Die Besucher:innen erhalten durch die in unterschiedlichen Tiefen gravierten Ornamente eine inhaltlich-gestalterische Einstimmung auf die Themen der Ausstellung.

### Raumbild

Das Raumbild wurde von Studio Forell ganzheitlich und gesamtgestalterisch als dreidimensionale Intarsie konzipiert, die mit Respekt vor der Architektur des historischen Bauwerks in dessen Innenraum integriert wurde. Die auf einem orthogonalen Raster basierende Architektur des Teehauses wurde konsequent auf die innenarchitektonische Konzeption der Ausstellungsgestaltung übertragen. So bildet der quadratische Grundriss die Basis für das Raumbild und den gesamten Ausstellungsbau – im Wesentlichen bestehend aus drei raumbildenden Komponenten: Wandvitrinen, zentraler Tisch, kubische Hocker.

### Wandvitrinen

Die Integration der Wandvitrinen in die Wandebene erfolgt als offene Wandnischen, ohne Frontglas, ohne zusätzliche innere Teilung, jedoch in die Wandebene zurückspringend, um eine homogene Beleuchtung sowie einen passiven Schutz der Exponate vor äußeren Einwirkungen zu gewährleisten.

▶ Raumbild
Foto: Staatliche Schlösser und Gärten Hessen, Uwe Dettmar

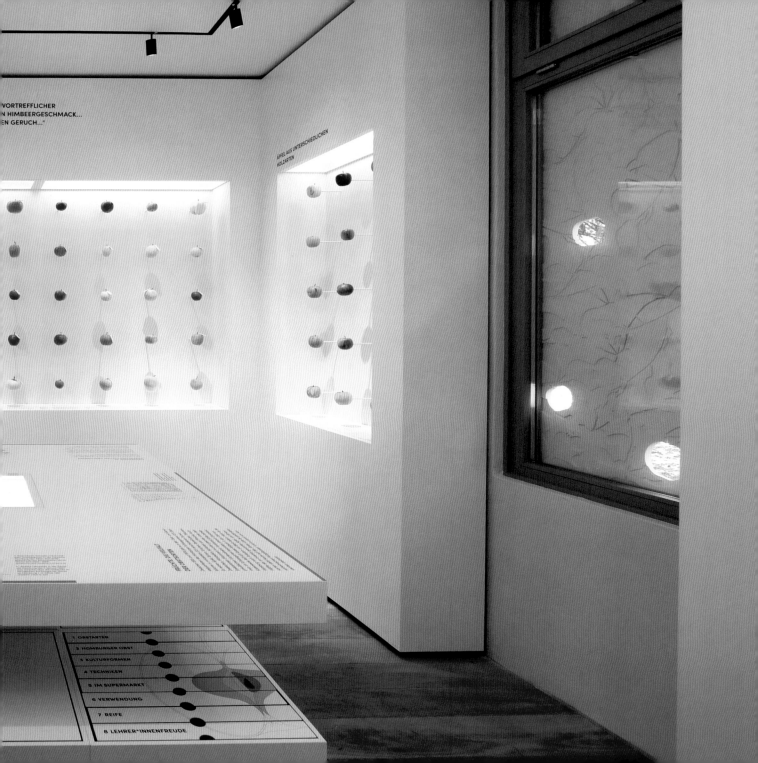

VORTREFFLICHER
N HIMBEERGESCHMACK...
EN GERUCH..."

ÄPFEL AUS UNTERSCHIEDLICHEN
HOLZARTEN

1 OBSTARTEN

2 HOMBURGER OBST

3 KULTURFORMEN

4 TECHNIKEN

5 IM SUPERMARKT

6 VERWENDUNG

7 REIFE

8 LEHRER*INNENFREUDE

## Zentraler Tisch

Der zentrale Tisch in der Mitte des Raums dient der Verortung
der vier Themenbereiche an dessen vier Seiten. Die Themen
der Ausstellung sind auf der Oberfläche des Tisches grafisch
dargestellt. In der Mitte des Tisches ist das zentrale Objekt der
Ausstellung verortet, ein im 3D-Druckverfahren hergestelltes
Modell eines horizontal und vertikal geschnittenen, 2,5-fach
vergrößerten Apfels. Als Vorlage für das Schnittmodell diente
ein natürlicher Apfel, dessen Kubatur nach Anschnitt des Apfels
fotogrammetrisch erfasst wurde. Aus den daraus generierten
3D-Daten wurde das Modell unter Verwendung von minera-
lischem Filament gedruckt. Die Innenseiten des in den Tisch
integrierten, kubischen Exponatraums zeigen vier kontextualisierende grafische Schnittzeichnungen eines Apfels, in denen
die Bezeichnungen der Bestandteile eines Apfels dargestellt sind.

## Kubische Hocker

Dem Tisch sind acht kubische Hocker zugeordnet, die im norma-
len Ausstellungsbetrieb gänzlich und deckungsgleich unter dem
zentralen Tisch integrierbar sind. Im besonderen Ausstellungsbetrieb, z.B. mit einer Kindergruppe, stehen die acht Hocker
als Sitzelemente zur Verfügung. Zwei der acht Hocker nehmen
Funktionsmodelle auf, anhand derer der Aufbau einer Blüte und
der Befruchtungsvorgang anschaulich dargestellt und erklärt
werden kann. Zwei weitere Hocker nehmen Bücher zur Obstkultur auf. In vier besonderen Hockern sind beidseitig bedruckte
Grafikpanels integriert, die detaillierte Informationen zu den
Themenbereichen mit Bild- und Textgrafik tragen. Die kontextua-
lisierenden, grafischen Darstellungen auf den Vorderstücken
der Grafikpanels signalisieren den Besucher:innen, dass darunter
weitere, vertiefende Informationsschichten zu entdecken sind.

▶ 64 Vertiefungstexte
können aus den unter dem Tisch
verborgenen Hockern
gezogen werden
*Foto: Staatliche Schlösser und
Gärten Hessen, Uwe Dettmar*

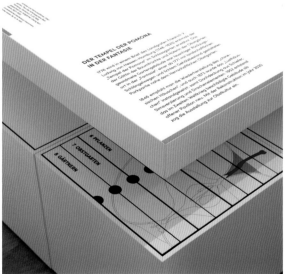

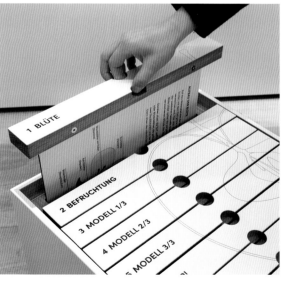

**Ausstellungsarchitektur**

Bei der Wahl der Materialien, Farben, Fügungen und Oberflächen wurden die ausstellungsarchitektonischen Elemente sorgfältig und mit dem Anspruch gewählt, die Inhalte und die Objekte in den Vordergrund zu stellen. So entstand eine unaufdringliche Ausstellungsarchitektur mit homogenen, matt-weißen Oberflächen, deren Fügungen keine Materialstärken oder konstruktive Details zeigen, und die von durchgehenden Schattenfugen zwischen vertikalen und horizontalen Flächen geprägt sind. Der Boden des Ausstellungsraums wurde als unbehandelter Dielenboden in massiver Eiche ausgeführt, der durch seine Natürlichkeit eine Verbindung zwischen dem Außen- und dem Innenraum herstellt.

Ein weiteres ausstellungsarchitektonisches Element, das Außen und Innen verknüpft, sind die ornamentierten Fensterläden, die den Besucher:innen gleichermaßen Ein-, Aus- und Durchblicke gewähren, und durch die daraus resultierenden Perspektivwechsel auch inhaltliche Ein-, Aus- und Durchblicke generieren und inszenieren.

Das quadratische, orthogonale Raster wurde konsequent auch auf die nachfolgend beschriebenen Disziplinen Exponatmontage und Licht angewandt und macht beide damit zu integrativen Bestandteilen einer interdisziplinären Gesamtkomposition.

▶ Raumbild
*Foto: Staatliche Schlösser und Gärten Hessen, Uwe Dettmar*

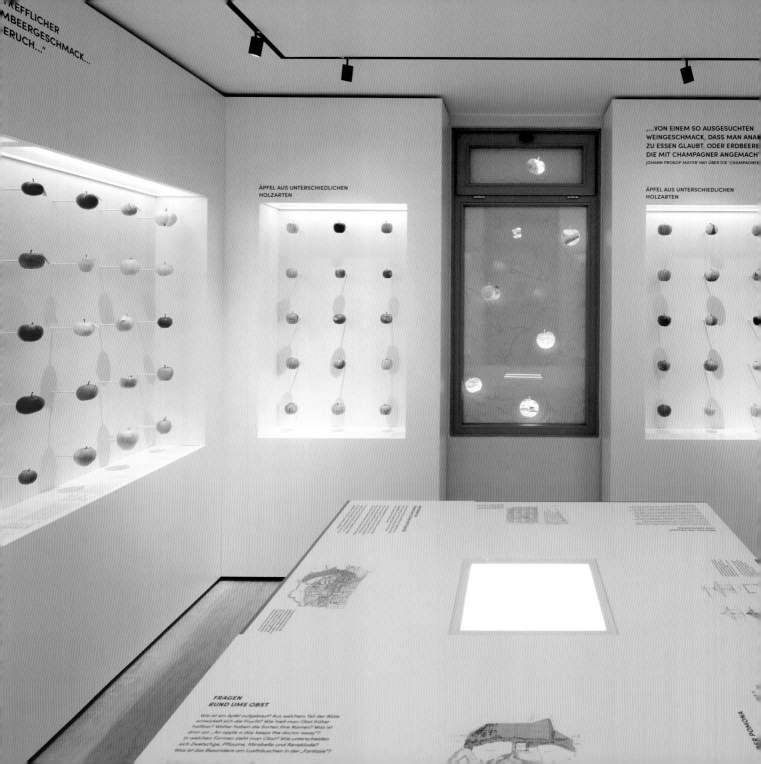

REFFLICHER
MBEERGESCHMACK...
ERUCH..."

ÄPFEL AUS UNTERSCHIEDLICHEN
HOLZARTEN

"...VON EINEM SO AUSGESUCHTEN
WEINGESCHMACK, DASS MAN ANAN
ZU ESSEN GLAUBT, ODER ERDBEERE
DIE MIT CHAMPAGNER ANGEMACH
JOHANN PROKOP MAYER 1801 ÜBER DIE 'CHAMPAGNER

ÄPFEL AUS UNTERSCHIEDLICHEN
HOLZARTEN

FRAGEN
RUND UMS OBST

Wie ist ein Apfel aufgebaut? Aus welchem Teil der Blüte
entwickelt sich die Frucht? Wie hielt man Obst früher
haltbar? Woher haben die Sorten ihre Namen? Was ist
dran an: „An apple a day keeps the doctor away"?
In welchen Formen zieht man Obst? Wie unterscheiden
sich Zwetschge, Pflaume, Mirabelle und Reneklode?
Was ist das Besondere am Lusthäuschen in der „Fantaisie"?

**Exponatmontage**

Die besonders ästhetischen Wachs- und Holzapfelmodelle prägen das Raumbild durch ihre Diversität in Größe, Form und Farbe sowie durch die Qualität ihrer naturgetreuen Nachbildung. Einem virtuellen, quadratischen Raster folgend wurden die Exponate in den Wandnischen verortet und montiert. Die im matten Weiß der Ausstellungsarchitektur beschichteten Exponathalter „verschwinden" visuell hinter den Exponaten. Dadurch entsteht ein schwebender Eindruck, der dem Raumbild zusätzliche Leichtigkeit und ein besonderes inszenatorisches Moment verleiht. Als zentrales Objekt gegenüber dem Eingang verortet, kommt dem einzigen erhaltenen historischen Befund der einst vorhandenen Parkarchitektur – einem Drachenspeier – besondere Aufmerksamkeit zu.

**Licht**

Um das Raumbild sowie die Objekte im Tempel der Pomona überzeugend zu inszenieren, setzt Studio Forell Licht als Gestaltungselement auf den Ebenen Raumlicht, Exponatlicht und Inszenierungslicht ein. Diese drei Ebenen verschmelzen durch Überlagerung zu einer Einheit, welche das Erscheinungsbild sowie Farbe und Temperatur des Raumes maßgeblich prägen.

Das in die Wandnischen integrierte Exponatlicht stellt ganz subtil die Grundbeleuchtung des Raums und der Exponatebene her. Zusätzliche szenografische Akzente setzt das in einen quadratischen Rahmen an der Decke integrierte Inszenierungslicht, das besondere Inhalte highlightet und zentrale Objekte wie den historischen Drachenspeier besonders in Szene setzt.

▶ Raumbild
*Foto: Staatliche Schlösser und Gärten Hessen, Uwe Dettmar*

**Grafik**

Die Grafik wird im Tempel der Pomona als raumstrukturierendes Medium verwendet. Sie prägt sowohl das räumliche Gefüge, als auch die Visualisierung und Übersetzung von Inhalten, welche die Geschichten nachhaltig im Kopf der Besucher:innen entstehen und nachhallen lassen. Die grafische Gestaltung erleichtert die Navigation durch die Inhalte der Ausstellung. Vom Introtext, zum Infotext, von der Headline zur Sub-Headline, von den Themen- zu den Objekttexten. Die Zitate an den Wänden stellen zudem authentische und emotionale Bezüge her und kontextualisieren historische Anekdoten und Ereignisse.

**Epilog**

Die auch auf den Innenseiten ornamentierten Fensterläden bilden im übertragenen Sinne den Epilog. Die Ein-, Aus- und Rückblicke werden in einem ständigen Perspektivwechsel inszeniert und wechseln zwischen quellenbasierten Rückblicken in die Vergangenheit mit „Was gab es einst im Schlosspark" über reale Einblicke in die Gegenwart mit „Was gibt es heute im Schlosspark", zu Ausblicken in die Zukunft mit „Was wird es zukünftig im Schlosspark geben". Verknüpft mit gegenwärtigen Erfahrungen, die die in der Ausstellung erzählten Geschichten hervorgerufen haben und mit Zukunftsvisionen zu weiteren Entwicklungen im Schlosspark ergibt sich so nicht nur ein aus dem historischen Ort entwickelter attraktiver und inhaltsreicher Anlaufpunkt im Schlosspark, sondern auch eine überraschende, lange nachwirkende Szenografie, die den Zauber des Ortes wach werden lässt und auf allen Sinnesebenen erlebbar macht.

▶ **Frank Forell**
Architekt und Ausstellungsgestalter,
STUDIO FORELL

▶ Schöner aus Nordhausen
*Foto: Staatliche Schlösser
und Gärten Hessen,
Alexander Paul Englert*

Schöne aus
Nordhausen
03/161

# 2 BAU- UND GARTEN- GESCHICHTE

alter Querdurchschnitt.

neuer    Durchschnitt.

2,85 m.

4 meter

3,15

N.B. Um das Einbrechen
bei der Ausschneidung zu
zu meiden, sei ...
... Dachstuhl. Die
... nur einmal
... und über

1) Summa ...
4 ... 4 ... = 16 ... q ...
~ ...

2) Balken  3 x 7,15 = 21,45
            12 x 2, = 24
            8 x 3,15 = 25,20
            12 x 1,43 = 17,16
            $\sum$ 87,81
... 17 ... = ...

3) 4 ... x 5 = 20 ...
... 17 ... a ...

4) ... 
       4 x 3½ = 14
       8 x 2¾ = 22
       28 x 2 = 56
       $\sum$ 92 ...

5) ... Dach mit ... Diel zu=
       ... 4 ... x 3,37 x 4 =
       56,70 ... ...

6) die Dächer ... mit ...
       ... Diel ...
       7,15 x 7,15 = 50,62 ... ...

7) ... 2,36
       ... 18 ... a ...

8) die ... zur ...
       44 Stück x 2 ... = ...

| | | | |
|---|---|---|---|
| | 14 | 7 | |
| | 15¾ | 46 | |
| | 11 | 7 | |
| | 7 | 21 | |
| | 19 | 35 | |
| 1 | 6 | 60 | |
| 1 | 2 | 2 | |

## DIE BAUGESCHICHTE
## DES TEMPELS DER POMONA

Die Baugeschichte des Lusthäuschens in der Fantasie lässt sich aus vielen historischen Aufzeichnungen nachvollziehen: Sowohl Mitglieder der Landgrafenfamilien, als auch Bauinspektoren und Hofgärtner haben handschriftliche Notizen, Chroniken, Rechnungsbücher und Zeichnungen hinterlassen.

▶ „Kostenberechnung über die Zimmerarbeit des Fantasie= Gebäudes im Kgl. Schlossgarten Homburg von Zimmermeister W. Creutz, Homburg d. 12/8/1872"
*HStAD D11 182/16*

Unter den Bauakten sind die Bauzeichnungen von Jacob Westerfeld aus dem Jahr 1846 *(Stadtarchiv Bad Homburg S 02 301 A-6)*
von besonderer Bedeutung, ebenso aber auch eine Ansicht
vom 1. Januar 1881 *(HHStAW 476/6 Nr. 617)*. Vom 12. August 1872
liegen des Weiteren Kostenberechnungen über die „Zimmerarbeit am Fantasie-Gebäude" vom Homburger Zimmermeister
W. Creutz vor. Damals wurde der Dachstuhl instandgesetzt.

1872 heißt es: „Die Umpfassungswände sind von Stein und
geputzt. Das Dach ist mit Schiefer gedeckt, unter dem äußeren
Rande des Dachgesimses befindet sich eine hängende Ver-
zierung von Holz, auf dem First eine vergoldete Spitze, mit Oelfarbenanstrich. Länge und Breite 4,00 m, Höhe 4,50 m. Der
Boden ist gedielt, die Wände und die Decke sind geputzt und
angestrichen. 1 zweiflüglige Thüre mit Beschlag. 2 Fenster
mit Jalousieläden und Oelfarbenanstrich." *(HStAD D11 182/16)*

▶ Querschnitt, Fassade und
Grundplan „Lusthäuschen
in der Fantasie,
Homburg den 28ten Mai 1846",
gezeichnet von Bauinspektor
Jacob Westerfeld (1802–1886)
*Stadtarchiv Bad Homburg
S 02 301 A-6*

▶ „Ansicht Häuschen in der
Fantasie, Homburg den 1. Januar
1881" aus: Inventar über
die Gebäude im Königlichen
Schlosspark Revier
zu Homburg v. d. Höhe, 1881
*HHStAW 476/6 Nr. 617*

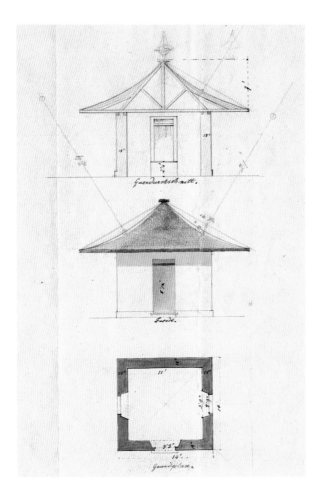

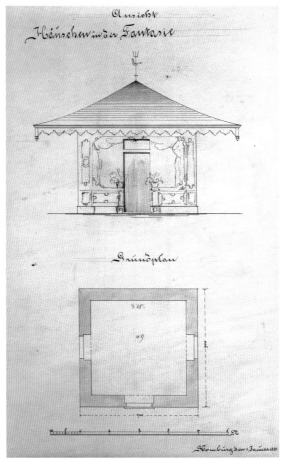

Auch Abbildungen zeigen die Parkarchitektur: Um 1820 fertigte
etwa Johann Friedrich Voigt (1838–1896) eine Gouache an,
betitelt mit „Japanisches Häuschen im Schloßgarten" *(Städtisches
historisches Museum, Bad Homburg v. d. Höhe, Inv.-Nr. 1997/811).*
Seit Anfang des 20. Jahrhunderts sind auch Fotografien der
Gartenpartie samt Häuschen überliefert. Ergänzt durch die
Aufzeichnungen der Gärtner in den Jahreschroniken ergibt sich
sich damit ein nahezu vollständiges Bild, wie sich der Tempel
der Pomona baulich entwickelt hat und wann er immer wieder
erneuert wurde.

▶ Blick zum Teehaus, 1878
Dronier (?)
*Städtisches historisches Museum,
Bad Homburg v. d. Höhe,
Inv.-Nr. 1997/815*

▶ „Japanisches Häuschen im
Schloßgarten", um 1820 (?)
Johann Friedrich Voigt (1838–1896)
*Städtisches historisches Museum,
Bad Homburg v. d. Höhe,
Inv.-Nr. 1997/811*

▶ Zustand des Lusthäuschens mit Simsverzierung, Anfang 20. Jh.
*Stadtarchiv Bad Homburg S19.1 0244;*
*Foto: Thomas Friedrich Voigt*

▶ Das Teehaus mit Bänken, um 1930
*Landesamt für Denkmalpflege Hessen*

▶ Zeichnung eines neuen Dachstuhles als Grundlage für die Kostenberechnung, 1872
*HStAD D11 182/16*

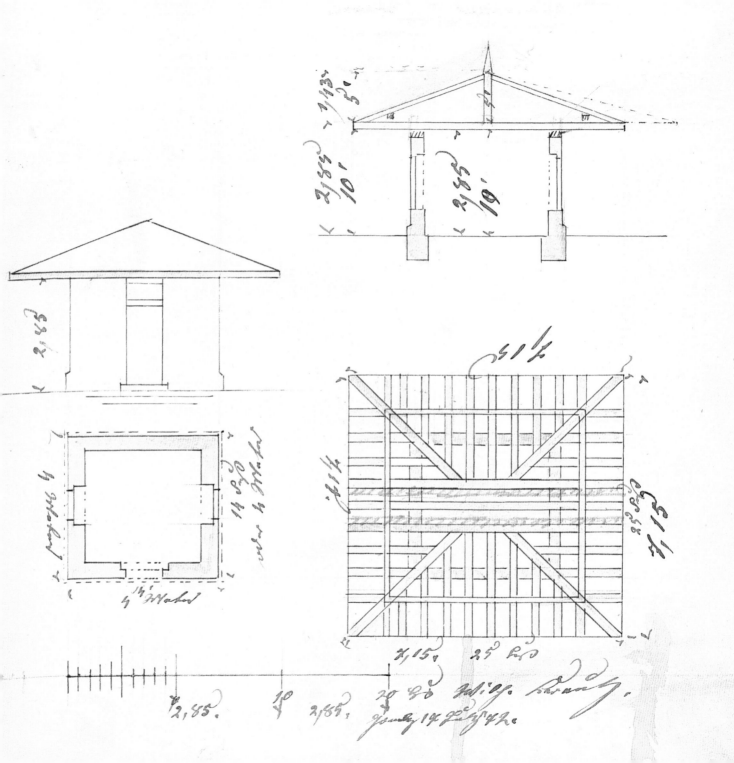

Bis in die 40er Jahre des 20. Jahrhunderts hinein blieb der Tempel in nahezu unveränderter Form bestehen; erst in den letzten Kriegsjahren wurde er schwer beschädigt und 1952, in geänderter Konzeption, als offener Pavillon in Holzkonstruktion, wiederaufgebaut.

2020 befand sich das Bauwerk in einem baufälligen Zustand; die Dachkonstruktion war marode, und der offene Pavillon war immer wieder Opfer von Vandalismus. Es bestand dringender Handlungsbedarf; gleichzeitig bot sich die Möglichkeit, auf Grundlage der Quellenforschung, den ursprünglichen, geschlossenen Zustand mit den Fenster- und Türöffnungen wiederherzustellen.

▶ Der Tempel der Pomona, Anfang des 20. Jh.
*Stadtarchiv Bad Homburg S19.1 0244; Foto: Thomas Friedrich Voigt*

▶ Das 1952 erbaute Teehaus als offener Tempel, 2017
*Foto: Staatliche Schlösser und Gärten Hessen, Michael Karkosch*

▶ „Chinesisches Häuschen im Schlossgarten", in: beidseitig bedruckte Städterose, 1860
*HStAD Bestand R 4 Nr. 38460 UF*

# DIE WIEDERHERSTELLUNG DES TEMPELS DER POMONA

Auf malerischen Abbildungen und Zeichnungen des 19. Jahrhunderts wird der Tempel der Pomona als einfaches kleines Häuschen, von Weitem sichtbar auf einer sanften Anhöhe liegend, gezeigt. Der tiefe Überstand des chinois geschwungenen Daches, die Fensteröffnungen auf der Süd- und Nordseite sowie eine Türöffnung auf der Ostseite des Kubus charakterisieren den Bau und schaffen in der Reduktion einen stimmungsvollen Ort in der Parkpartie der Fantasie.

Ziel der Wiederherstellung der Parkarchitektur war es, ihr Äußeres bestmöglich dem historischen Erscheinungsbild anzunähern. Ursprünglich war das Gebäude kostengünstig errichtet, worüber Pläne und Schriftquellen aus dem 19. Jahrhundert genauso Auskunft geben wie über die Konstruktion und Materialität des Häuschens. Obgleich Ort und Abmessungen des Gebäudes über die Jahrhunderte dieselben geblieben sind, wurden doch immer wieder bauliche Erneuerungen und Ergänzungen, konstruktiver und funktionaler Art, sowie Verschönerungen ausgeführt, die den Charakter des Häuschens jedoch nicht grundsätzlich veränderten.

Eine der maßgeblichen Änderungen betraf die Materialität der Dachdeckung, als diese 1873 von einer Holzschindel- auf eine Schieferdeckung gewechselt wurde. Hierzu sind Briefwechsel zwischen dem Königlich-Preußischen Hofgartendirektor, Ferdinand Jühlke, und dem Königlichen Bauinspektor, Jacob Westerfeld, sowie dem Höfgärtner, Georg Karl Merle, erhalten geblieben.

Jühlke schreibt aus dem preußischen Sanssouci am 10. August 1872 an Merle nach Homburg: „Ich wünsche weder die Verwendung von Schiefer noch Zink an dem Hause, weil es dadurch den Charakter verliert, und gebe ihnen anheim, den Anschlag dahin zu modificiren, daß das Häuschen entweder mit Schindeln oder einfach mit Rohr eingedeckt wird."

Aus Bad Homburg kommt die Erwiderung am 15. August 1872: „(...) und ich erlaube mir deshalb die in dem Auftrage ausgeschlossenen Deckungen von Zink und Schiefer, wegen der billigeren Kosten ihrer längeren Dauer gegen die Kosten und Dauer eines Schindeldaches wieder mit in den Kostenanschlag aufzunehmen zumal der Charakter des Häuschens auch hier beibehalten bleibt."

Schließlich erfolgt die Zustimmung zum Materialwechsel am 19. Mai 1873: „Das Schindeldach des Lusthäuschens im dem Fantasie Garten daselbst soll sehr schadhaft sein. (...) Die Form des Daches ist beizubehalten. Ein Metall-Dach gibt zu viel Wärme, besser ist hier Schiefer... (fischschuppenartig auf Schaalung)."

Am 30. Mai 1873 schickt Westerfeld Jühlke zur Veranschaulichung der Dacheinbiegung eine Zeichnung des „Häuschen in der Fantasie". Es handelt sich um den heute noch erhalten gebliebenen „Westerfeldplan" von 1846.

Westerfeld hat der Nachwelt mit seinem Plan von 1846 einen exakt vermaßten Grundriss, Schnitt und eine Ansicht des Häuschens hinterlassen. Sämtliche Elemente – das Dach, die Umfassungswände, die Fenster- und Türöffnungen, die Eingangsstufe, der Sockel – sind dargestellt. In den Rechnungen der Baumaßnahme von 1873 werden die einzelnen Gewerke sowie die damals verwendeten Materialien aufgeführt.

Bei der Sanierung und Rekonstruktion der Parkarchitektur galt es, den Holzpavillon aus den 1950er Jahren in die Konstruktion mit einzubeziehen sowie den Wassereintrag in den Dachstuhl, verursacht durch die geringe Dachneigung am Fußbereich, nachhaltig zu beheben. Zudem war das Haus für seine neue Nutzung als Museum zu ertüchtigen und gegen Vandalismus zu schützen.

Die Wintermonate 2019/2020 sollten für die Bestandsaufnahme und für die Erstellung des Sanierungskonzeptes genutzt werden. Um die Arbeiten auch bei Regenwetter zu gewährleisten, wurde zunächst ein überdachtes Gerüst aufgestellt. Außerdem wurden Platten auf die Wiesenflächen gelegt, um die Baustelle in der abseits gelegenen Parkpartie zu erschließen.

▶ Das halb instandgesetzte Dach
mit Wetterschutz während der
Bauphase, Winter 2020
*Foto: Staatliche Schlösser und
Gärten Hessen, Susanne Erbel*

Ursprünglich war geplant, den Dachstuhl soweit wie möglich zu erhalten und zu reparieren. Nach der Begutachtung durch den Statiker stellte sich bald heraus, dass das Tragwerk nicht mehr zu halten war. Durch die Durchfeuchtung war es so stark in Mitleidenschaft gezogen worden, dass es, einschließlich der Deckenbalken, abgebrochen werden musste. Um eine zukünftige Durchbiegung des Dachüberstandes zu vermeiden, waren die neuen Balken stärker zu dimensionieren. Die Zimmermannsleute richteten die in der Werkstatt angefertigten Hölzer schließlich auf der Baustelle händisch auf. Notwendiger Strom wurde durch Akkus bereitgestellt.

Die Anforderungen bezüglich der Wasserführung machten es notwendig, ein Doppeldach als zweite Schicht aufzubringen. Dieses wurde im Anschluss durch den Dachdecker mit kleinformatigen Schieferplatten fischschuppenartig gedeckt. Vorbild war auch hier das späte 19. Jahrhundert.

▶ Impressionen aus der Bauphase: Das Dach, die Dachspitze und der Dachunterbau.
*Fotos: Staatliche Schlösser und Gärten Hessen, Susanne Erbel*

Sobald im Frühjahr 2020 die Frostsicherheit es erlaubte, wurden die Natursteinfundamente zur Stabilisierung mit Beton unterfüttert und mit Bleiplatten abgedeckt. Nun konnten die Umfassungswände als Fachwerkkonstruktion zwischen den Pfosten eingefügt werden. Hierfür wurde die Bestandsholzkonstruktion zunächst sorgfältig an die Geometrie angepasst. Die Dachuntersicht wurde mit gespundeten Brettern verkleidet.

Die Maurer verwendeten für die Gefache die von Spender:innen gespendeten und signierten Klinkersteine. Anschließend wurden die Wände vollflächig, einschließlich der Bestandsholzkonstruktion, innen und außen durch den Putzer mit Schilfrohr, das als Putzträger diente, überzogen und mit Kalkputz geputzt. Nach dem Auftragen und Abreiben des Oberputzes wurden die Flächen freskal mit reiner Kalkfarbe gestrichen.

▶ Das ergänzte Fachwerk vor und während der Ausmauerung mit den von den Spender:innen signierten Ziegelsteinen
*Fotos: Staatliche Schlösser und Gärten Hessen, Susanne Erbel*

Die Elektroversorgung für das Innere erfolgt über ein externes Solarpanel; die notwendige Verkabelung wurde durch den Sockelbereich eingezogen.

Als Vorbild für die Aufteilung der Oberlichtfenster mit Kämpfer und für die Kassettentür, sowie ihre Farbigkeit, dienten eine Fotografie von 1880 sowie erneut der Westerfeldplan. Die Holz-bauteile wurden durch den Maler mit natürlicher Leinölfarbe in einem zeittypischen „Blaugrau" gestrichen.

Zum Abschluss wurden im Sommer 2020 vor die Haustür eine Sandsteinstufe gesetzt und zwei Sandsteinbänke aufgestellt; nun war der Tempel der Pomona für seine neue Nutzung bereit.

▶ **Susanne Erbel**
Architektin und Baudenkmalpflegerin,
Staatliche Schlösser und Gärten Hessen

▶ Der fertiggestellte Tempel der
Pomona, Herbst 2020
*Foto: Staatliche Schlösser und
Gärten Hessen, Susanne Király*

# WAS IST „CHINOIS" AM LUSTHÄUSCHEN?

1846 wird das quadratische Gartengebäude in der Fantasie als „chinesisches Häuschen" bezeichnet: Vor allem das geschwungene Dach erinnert an eine chinesische Pagode. 1873 findet sich zudem der Hinweis auf eine Fahnenstange, einen vergoldeten Drachen sowie eine goldene Decke im Innenraum. Hinzu kamen vier Wasserspeier in Form von Drachenköpfen an den Regenrinnen: alles Motive, die auch in der chinesischen Kultur vorkommen.

In dem 1771 unter Friedrich V. Ludwig und seiner Gemahlin Karoline von Hessen-Homburg (1746–1821) begonnenen Kleinen Tannenwald in der Landgräflichen Gartenlandschaft befand sich eine weitere chinesisch anmutende Parkarchitektur, von dem nur Fundamente und Zeichnungen erhalten sind.

▶ Chinesisches Häuschen im Kleinen Tannenwald, 1786
Wilhelm Adam Thiery (1761–1823)
*Staatliche Schlösser und Gärten Hessen, Inv.-Nr. 1.1.300*

▶ Wasserspeier in Form eines Drachenkopfes, Befund am Teehaus, Bad Homburg, 1952, Zinkblech
*Foto: Staatliche Schlösser und Gärten Hessen, Uwe Dettmar*

## PARKARCHITEKTUREN IM SCHLOSSPARK

Gartengebäude waren in allen Epochen der Gartenkunst ein wichtiges Gestaltungsmittel. Ob Pavillons, Lauben, Teehäuser, Tempel, Grotten, Einsiedeleien oder Ruinen – vor allem in den englischen Landschaftsgärten wollte man nicht auf Bauten verzichten. Mit fremden Regionen, Personen oder Geschichten verbunden riefen sie bestimmte Empfindungen oder Erinnerungen hervor, lenkten den Blick und vervollständigten die Partien. Doch auch ganz praktisch wurden sie viel und gerne genutzt – gleichermaßen als willkommener Rastplatz, Rückzugsort oder Aussichtspunkt.

Es wundert nicht, dass Parkarchitekturen auch im Bad Homburger Schlosspark fester Bestandteil waren. Neben dem Tempel der Pomona ist heute im Schlosspark noch das „Häuschen in der Vertiefung" im Steinbruch (im Volksmund „Goethes Ruh") zu bewundern. Es wurde 2007 nach historischen Bauzeichnungen rekonstruiert. Mit Holzverkleidung und gelben Fensterläden, beschattet von einer Gleditschie und umrahmt von einer kreisrunden Schmuckpflanzung, lädt es heute mit einer kleinen Sammlung an Gartenliteratur zum Verweilen und Philosophieren ein. Nicht mehr vorhanden, aber durch Pläne und Zeichnungen dokumentiert, ist das Rohrhäuschen, das bis in die 1930er Jahre hinein unmittelbar am südlichen Ufer des Schlossteichs stand und von dort einen unverstellten Blick über den Teich bot. Auch gab es eine berankte Laube in der Nähe des Herrschaftlichen Obstgartens, die nach der Tochter von Landgräfin Karoline von Hessen-Homburg benannt war: Die Mariannenhütte.

▶ Der Steinbruch im Schlossgarten, um 1780/90, Caroline von Schwarzburg-Rudolstadt, geb. Prinzessin von Hessen-Homburg (1771–1854)
*Thüringer Landesmuseum Heidecksburg, Rudolstadt Inv.-Nr. TLMH FCL 125*

Die Parkarchitekturen im Bad Homburger Schlosspark unterstreichen, dass ein Garten nicht nur durch seine Pflanzen an Zauber gewinnt: Er ist ein Ensemble aus Kunst, gestalteter Natur und Architektur. Gerade die Architekturen können den Charakter eines Gartens auf besondere Weise prägen und verstärken.

▶ **Katharina Saul**
Wissenschaftliche Mitarbeiterin,
Staatliche Schlösser und Gärten Hessen

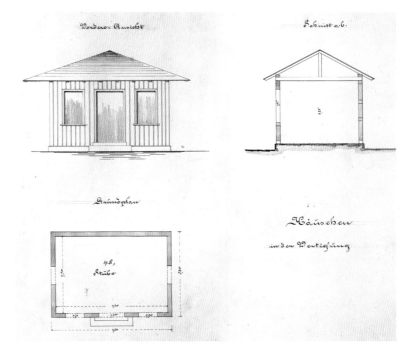

▶ Häuschen in der Vertiefung
(Steinbruch/Goethes Ruh)
*Foto: Staatliche Schlösser
und Gärten Hessen,
Alexander Paul Englert*

▶ Bauzeichnung
„Häuschen in der Vertiefung", 1881,
aus: „Inventar über die Gebäude
im königlichen Schloßgartenrevier
zu Homburg v. d. H."
*HHStAW 476/6, 617*

## ZUR NUTZUNG VON LUSTHÄUSCHEN

Parkarchitekturen dienten im Landschaftsgarten der „Poetisierung des Gartens": Hier konnte man sich vom Hofleben zurückziehen, geistig entspannen, lesen, dichten, musizieren, philosophieren, auch die Botanik und Wissenschaften studieren, Tee trinken und Schach spielen. Sehr oft standen solche Rückzugsorte und Philosophenhütten am Wasser. Von wo lässt sich besser der Mond und das Spiel des Windes betrachten als über einem spiegelnden See?

Musterbücher mit Bauzeichnungen weckten das Bedürfnis, insbesondere in den Landschaftsgärten des 18. und 19. Jahrhunderts verschiedene Stilformen unterschiedlicher Herkunften en miniature zu sammeln. Ägyptisches, Persisches, Maurisches stand neben chinesischen oder japanischen Bauten: Eine Spiegelung aller Zeiten und Kulturen, die in ihrer anmutigen Heiterkeit die Fantasie beflügelten.

▶ Das Rohrhäuschen
am Schlossteich, um 1850
Unbekannter Zeichner
*Städtisches historisches Museum,
Bad Homburg v. d. Höhe,
Inv.-Nr. 1997/1108*

## PRINZIPIEN
## DES LANDSCHAFTSGARTENS

Während in Europa in den Gärten zunächst streng geometrische
Formen vorherrschten, wurden ab ca. 1720 – ausgehend von
England – natürlich geschwungene Wege und Uferlinien modern:
Die Mode des Landschaftsgartens zog ab etwa 1760 auch auf
dem Kontinent ein. In den frühen, vorromantisch-sentimentalen
Anlagen gab es oft sehr kleinteilige Wegeführungen: so auch in
der Fantasie in Homburg.

Hinter dem Tempel der Pomona war einst ein von Bäumen
gerahmtes Rondell vorhanden. Mehrere Sitzplätze luden zum
Verweilen ein: einer mit Blick auf den im Raster bepflanzten
Herrschaftlichen Obstgarten (S. 97).

▶ Ein sanft geschwungener
Weg führt durch den Hain in
die Fantasie
*Foto: Staatliche Schlösser
und Gärten Hessen,
Alexander Paul Englert*

# DAS KOMPONIERTE LANDSCHAFTSBILD

Im Landschaftsgarten gestaltet man mit gärtnerischen und baulichen Mitteln ein Kunstwerk: ein begehbares Landschaftsgemälde, bestehend aus Vorder-, Mittel- und Hintergrund und seitlichen Kulissen, harmonischen oder kontrastierenden Farben und Formen.

Von den sanft in S-Form geschwungenen Wegen erblickt man nach einer Wegbiegung – zuvor noch hinter einem kleinen Hügel oder einer Baumgruppe verdeckt – immer neue Blickpunkte: Gebäude, besondere Gehölze, Denkmale oder weite Landschaftsprospekte. Der Landschaftsgarten ist nicht nur voller Bilderwechsel, sondern auch voller Stimmungswechsel.

▶ Landschaftsmalerei
*Foto: Staatliche Schlösser und*
*Gärten Hessen, Olli Heimann*

▶ Blick aus der Fantasie zum Weißen Turm
Foto: Staatliche Schlösser und Gärten Hessen, Alexander Paul Englert

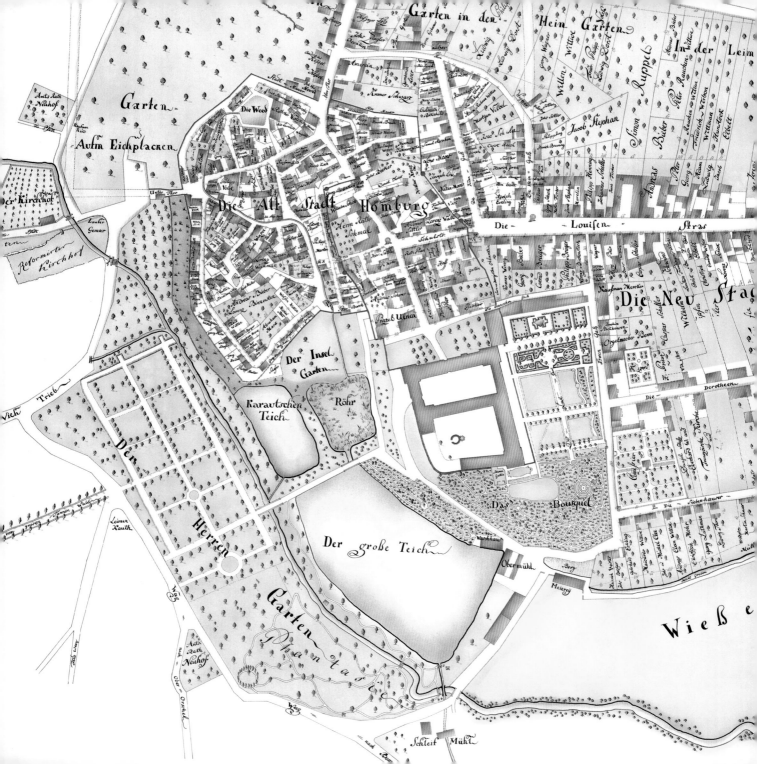

## GESCHICHTE UND WIEDERBEPFLANZUNG DER FANTASIE

Neben der Erforschung der Baugeschichte des Tempels der Pomona war auch die Frage zu beantworten, wie der landschaftliche Parkteil der Fantasie in den verschiedenen Jahrhunderten der Geschichte aussah und wie er denkmalgerecht erhalten und weiterentwickelt werden sollte. Die Planungen konnten sich auf verschiedene Pläne sowie Inventare stützen.

**Geschichte der Parkpartie und wichtige Quellen**
Der Name der Parkpartie „Phantasie" ist erstmals im ältesten erhaltenen Gartenplan von 1757, dem Bruch'schen Plan nachgewiesen: verbunden mit der Darstellung einer landschaftlichen Partie mit geschwungenen Wegen und Einzelbäumen. Drei quadratische Bauten sind hier südwestlich des Schlossteichs eingezeichnet – kein Gebäude aber am Standort des 1776 erstmals schriftlich erwähnten Tempels der Pomona. Westlich des heutigen Standorts befand sich damals offenbar eine baumumstandene, runde Platzsituation: 20 Bäume säumten ein Rondell. Der ansonsten dargestellte Baumbestand scheint keine gestalterischen Schwerpunkte zu bilden – möglicherweise wurden die Bäume auch eher schematisch eingezeichnet. In dem Sinne müssen die 20 Bäume nicht zwingend vorhanden gewesen sein; sie verweisen dennoch auf eine Platzsituation mit gezielt gepflanztem Baumbestand. Im Gegensatz zur zweiten landschaftlichen Partie im Schlosspark, dem „Boskett", ist der Baumbestand sehr viel offener dargestellt. Auch die Wegestruktur der Fantasie ist deutlich weitläufiger als die im steilen, zeitgleich unter Landgräfin Karoline von Hessen-Homburg angelegten, waldartigen Boskett.

▶ Ausschnitt aus „Grundriss der hochfürstlichen Residenz-Stadt Homburg vor der Höhe. Aufgenommen, Gemeßen und Ausgefertigt den 9. Februari Anno 1787 durch Friedrich Bruch, Land-Renovator"
*Stadtarchiv Bad Homburg*
*S 01 C 8*

Das Rondell – nun von neun spitzkronigen Bäumen umsäumt – ist auch auf dem „Geometrischen Plan von der Stadt Homburg vor der Höhe" von Jakob Westerfeld, um 1830 entstanden, dargestellt. In diesem Plan ist der Tempel der Pomona an dem bis heute überkommenen Standort als quadratische Parkarchitektur eingezeichnet. Die gesamte Fantasie ist von einem sehr kleinteiligen, landschaftlich geschwungenen Wegenetz durchzogen, das sich an mehreren Stellen zu kleinen runden oder rechteckigen Platz-situationen öffnet. Unterschieden sind in der Darstellung offene Wiesenbereiche mit Strauchgruppen, rund- und spitzkronigen Gehölze sowie Nadelgehölze – letztere insbesondere im Bereich des Übergangs über den Altbach. Auch ist das Wegenetz hier besonders kleinteilig.

Eine um 1790 entstandene Ansicht des Schlosses zu Homburg, Wilhelm Thiery (1761–1823) zugeschrieben, zeigt den Blick, den man etwa vom Standort des Pomonatempels hatte. Der Vorder-grund mit zwei fiederblättrigen, aufgeasteten Bäumen ist ver-mutlich eher bildkompositorisch gewählt, als dass er den realen Bestand abbildet. Deutlich erkennbar ist hier, dass sich die Sicht-achse als von Vegetation frei gehaltener Bereich über den Hang des landschaftlichen „Bosketts" bis zum Weißen Turm fortsetzt. Erkennbar sind hier schmalkronige, hoch aufschießende Bäume – vermutlich Säulenpappeln *(Populus nigra 'italica')*: Sie bildeten damals den vorherrschenden Baumbestand der zweiten, 1771 neu angelegten landschaftlichen Partie im Schlosspark.

▶ Ansicht des Schlosses zu
Homburg, um 1790
Wilhelm Thiery zugeschrieben
(1761–1823)
*Staatliche Schlösser und
Gärten Hessen, Inv.-Nr. 1.1.392*

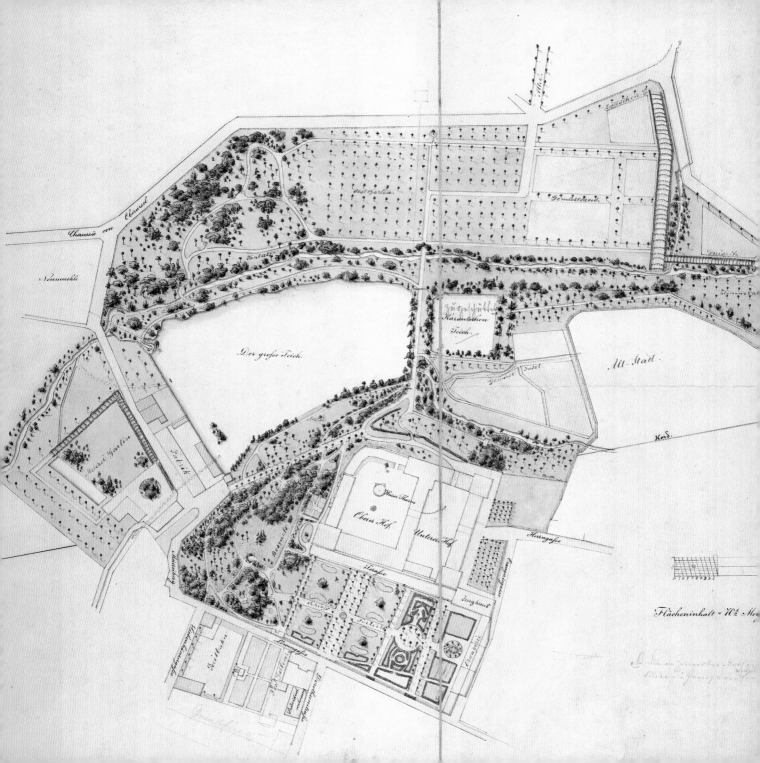

Ein weiterer wichtiger Plan zum Nachvollziehen der Entwicklung der Fantasie wurde am 8. Juli 1856 vom Hofgärtner Georg Karl Merle (1837–1915) in Sanssouci gezeichnet *(Landesbibliothek Mecklenburg-Vorpommern, Günther Uecker, Slg. 03, Nr. 460)*. Georg Karl Merle war der Sohn des 1873–1878 ebenfalls in Homburg tätigen Johann Wilhelm Merle (1812–1879) und der Tochter des vormaligen Homburger Obergärtners Heinrich Hackel, Helene Hackel. Georg Karl Merle leitete nach seiner Ausbildung in Potsdam den Schlosspark in den Jahren 1880–1899, als dritter Gärtner der Familie. Der im Merle-Plan dargestellte Wegebestand entspricht – so zeigte die Überlagerung mit dem aktuellen Bestandsplan – dem heutigen Zustand. Allein der Rundweg nördlich des auch hier eingezeichneten Pomonatempels war verschwunden.

Unterschieden werden auf diesem Plan rundkronige Bäume, Trauerweiden und Sträucher. Vor dem Tempel ist eine Sichtachse Richtung Schloss als Wiesenbereich von Bepflanzung freigehalten. Erkennbar ist in allen Plänen, dass die gesamte Gartenpartie einst größer war: Bei der Erweiterung des Hessenrings 1976/77 schnitt man Teile der historischen Wegeführung und Teile des einst vorhandenen Zwetschgengartens ab.

▶ Plan des Schlossparks Bad Homburg, Sanssouci, 8. Juli 1856, gezeichnet von Hofgärtner Georg Karl Merle
*Landesbibliothek Mecklenburg-Vorpommern, Günther Uecker, Slg. 03, Nr. 460*

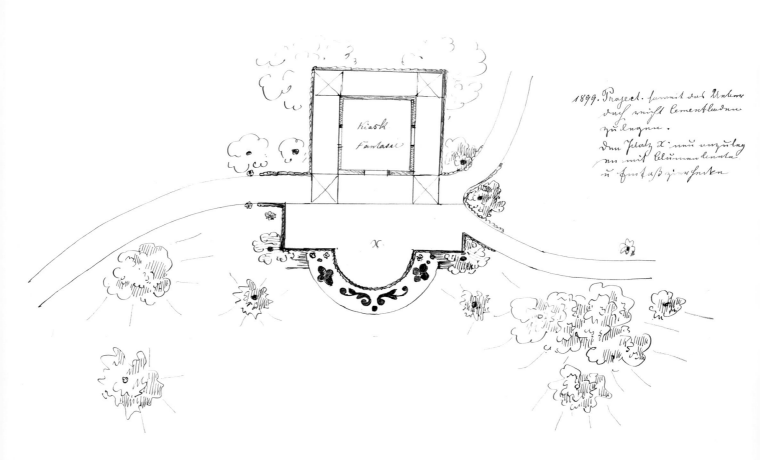

Zwei spannende Funde taten sich mit der Auswertung des Garteninventars der Jahre 1893–1906 auf: Zum einen ist darin eine Handzeichnung von 1899 überliefert, in der eine geplante Schmuckpflanzung am „Kiosk Fantasie" belegt ist. Aus dieser erfährt man weiter, dass vor dem Gebäude ein „Cementboden" geplant war, ebenso Blumenbeete mit „Einfaßzierhecke". Ob die Pflanzung umgesetzt wurde, ist nicht bekannt. Modern waren diese Beete damals zumindest. Die durch viele Ansichtskarten sicher belegten, im November 1876 erstmals angelegten Teppichbeete im Obergarten östlich des Königsflügels scheinen mit den in der Fantasie geplanten vergleichbar zu sein. Die Teppichbeete im Obergarten wurden 1995 rekonstruiert.

Zum anderen befindet sich in diesem Inventar ein handgezeichneter Plan der Fantasie von 1893 (ergänzt 1898). Er zeigt den Wegeverlauf und die Bepflanzung der Partie samt botanischen Pflanzennamen. Detailliert sind hier mit Standort Solitäre und Gehölzgruppen eingezeichnet, die die Fantasie einst räumlich wie farblich akzentuierten. Dieser Pflanzplan war Grundlage der Nachpflanzungen im Herbst 2020. Neben den ausgeschriebenen Gattungs- und Artennamen sind viele Pflanzenstandorte jedoch nur mit Abkürzungen beschrieben. So sind Strauchgruppen nur an einem Standort mit dem Gattungsnamen Ilex ausgeschrieben. Weitere Standorte sind mit I. abgekürzt. Ebenso lassen sich die Abkürzungen Ac. für Acer erkennen. Schwieriger zu identifizieren sind die Abkürzungen für weitere Gattungsnamen, wie Crataegus und Castanea, da verschiedene Standorte nur mit den Abkürzungen C. eingetragen sind.

▶ „Project" für den „Kiosk"
in der Fantasie, 1899
aus: Garteninventar 1893–1906
*Staatliche Schlösser und Gärten
Hessen, Sig. 40-A-71-5109*

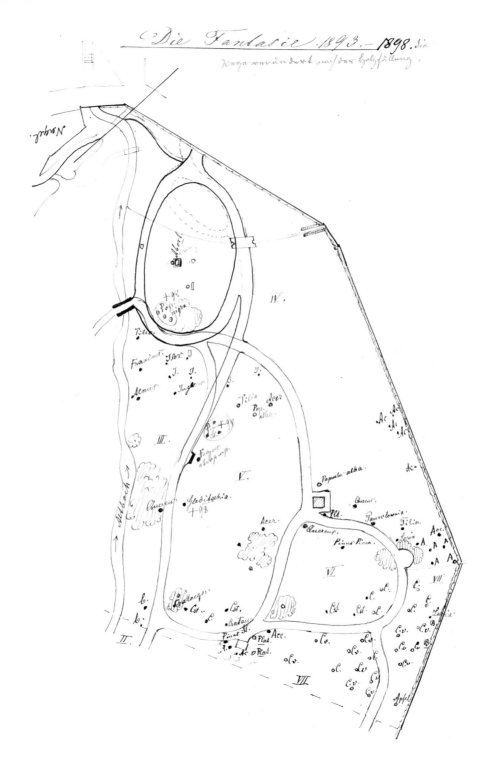

Die Fantasie 1893. – 1898. Die

Schließlich wurden auch die überlieferten historischen Abbildungen und Fotografien ausgewertet, die die Parkarchitektur sowohl mit intakter als auch kaputter Simsverzierung zeigen. Die hier erkennbaren baulichen Details in Farbgebung, Türausformung oder Anordnung der Bänke flossen in die Rekonstruktion des Gebäudes ein. Spannend ist aber in diesen Ansichten auch die dargestellte Wegeführung und Vegetation. Insbesondere in der Ansicht des „Japanischen Häuschens im Schlosspark", gezeichnet von Johann Friedrich Voigt (1838–1896) um 1820 (S. 46), ist deutlich erkennbar, dass zwei Großbäume mit Unterwuchs das Haus rahmen und gegenüber eine Strauchgruppe die Sicht verdeckt. Dies deckt sich auch mit den bereits beschriebenen Plänen.

▶ Der Blick auf den Tempel der Pomona, Anfang des 20. Jh.
*Stadtarchiv Bad Homburg S19.1 0244;*
*Foto: Thomas Friedrich Voigt*

▶ Handgezeichneter Plan der Fantasie, 1893 (1898)
aus: Garteninventar 1893–1906
*Staatliche Schlösser und Gärten Hessen, Sig. 40-A-71-5109*

### Das Parkerlebnis und die Wiederherstellung

Mit den 2008 begonnenen und im Herbst 2020 weitgehend vervollständigten Nachpflanzungen werden die Besucher:innen heute wieder szenisch von allen Richtungen zum Gartentempel geleitet. Der prominenteste – da nicht zuletzt kürzeste Weg vom Schloss – führt südlich entlang des Schlossteiches über die Brücke in die Fantasie: Vom Schlossteich kommend überquert man zunächst das sogenannte Altbachtal, einen dichten, verdunkelnden Eibenbestand *(Taxus baccata)* passierend. Sinnliche Erlebnisse bietet auf der Brücke über den kleinen Bachlauf zunächst der 2017 von den Schlossgärtnern wiederhergestellte Wasserfall. Die kleine Kaskade ist samt Ufergestaltung und markanten Steinsetzungen auf einer Fotografie in dem von Paul Jancke verfassten Beitrag „Kaiser Wilhelm II. und der Gartenbau" in der Zeitschrift „Gartenflora" *(Jg. 1913, Bd. 62; S. 259)* eingefangen. Die für die Wiederherstellung nötigen Natursteine konnten sämtlich aus dem Bachlauf unterhalb der Kaskade geborgen werden. Wenn der Altbach ausreichend Wasser führt, begleitet das Rauschen des Baches die Flaneure beim Eintritt in die Fantasie.

▶ „Aus königlichen Gärten:
Homburg v. d. H.,
Partie aus dem Altbach", 1913
aus: Gartenflora, 1913,
Bd. 62, S. 259
*Foto: ULB Darmstadt*

▶ Märzenbecher
im Rotfichtenhain
*Foto: Staatliche Schlösser und
Gärten Hessen, Inken Formann*

Danach betritt man den bereits 2008 und 2015 wiederaufge-
pflanzten Rotfichten- und Lärchenhain. Durch seine aufgeasteten
Stämme wird von hier bereits der weißgetünchte Naturtempel
erstmals sichtbar. Die Partie kommt dem kleinen „Lusthain" nahe,
den der Kieler Gartentheoretiker und Fürsprecher des Landschaftsgartens empfindsam-romantischer Prägung Christian
Cay Lorenz Hirschfeld (1742–1792) wie folgt definiert:

„Muthig aufschießende Bäume, in die Höhe sich verbreitende
Zweige, leichtes, luftiges oder heiteres und glänzendes Laub,
offene Durchsichten, unverwehrte Blicke des Sonnenlichts, ein
reiner, von kriechendem Gesträuch befreyter Boden, machen
den Charakter des Lusthains."
*(Hirschfeld, Christian Cay Lorenz: Theorie der Gartenkunst,*
*Band 2, Leipzig 1780, S. 38).*

Durch die Stämme eröffnen sich weite Durchblicke – im Frühjahr
akzentuiert durch eine Vielzahl von Geophyten. Auch das strahlen-
artige Durchbrechen des Sonnenlichts durch die Kronen macht
die Partie sehr reizvoll.

▶ Der Wasserfall vor der
Instandsetzung, 2014
*Foto: Staatliche Schlösser und*
*Gärten Hessen, Peter Vornholt*
▶ Die Partie am Wasserfall nach
der Restaurierung, 2020
*Foto: Staatliche Schlösser und*
*Gärten Hessen, Uwe Dettmar*

Mit dem Roden der hier vormals stehenden Schneebeeren-
gruppen *(Symphoricarpos albus)* traten auch die unterschiedlichen Bodenmodellierungen wieder zu Tage, die dem Gelände
eine kleinteilige Struktur verleihen und zuvor nicht mehr erfahr-
bar waren. Damals abgedeckt mit zugekaufter Vegetationserde,
fand hier zunächst eine Wieseneinsaat statt. Zum Herbst 2015
folgte das Setzen von Geophyten wie Märzenbecher *(Leucojum
vernum)*, Kaukasischer Blaustern *(Scilla mischtschenkoana)*,
Schneeglöckchen *(Galanthus nivalis)*, Winterlinge *(Eranthis
hyemalis)* und Herbstkrokusse *(Crocus speciosus)*. Die Hoffnung,
dass sich diese Frühjahrs- und Herbstblüher etablieren und
vermehren, erfüllte sich zumindest teilweise.

Sukzessive erfolgten weitere Pflanzungen von Fichten und Lär-
chen. Dabei kamen dem Klimawandel – und der langjährig guten
Erfahrung an anderen Standorten im Schlosspark – entsprechend
auch orientalische Fichten *(Picea orientalis)* zur Pflanzung.
Zusammen mit den tageszeitlich unterschiedlichen Lichteinfällen
erfährt der gesamte Eingangsbereich zur Fantasie mit dem
Altbachtal so zu allen Jahreszeiten einen ganz besonderen Reiz,
dem man beim Wandeln oder auf einer Bank am Wegesrand

▶ Der Hain in der Fantasie
*Foto: Staatliche Schlösser und
Gärten Hessen, Inken Formann*

▶ Modellierung der Topographie
nach Entfernen der Schnee-
beerengruppen, 2017
*Foto: Staatliche Schlösser und
Gärten Hessen, Peter Vornholt*

▶ Der Hain in der Fantasie
*Foto: Staatliche Schlösser und
Gärten Hessen, Inken Formann*

nachspüren kann. Die verstärkte Einbringung der Rotfichten und orientalischen Fichten zum Ausgangstor Urseler Straße sollte zudem auf Dauer eine Verminderung des nicht zu vermeidenden, sehr dominanten Verkehrslärms in die Fantasie hinein bewirken.

Dem Weg weiter folgend öffnet sich der Lusthain zunehmend, bis sich der Blick kurz in Richtung Norden zu den Erhebungen des Taunus erweitert und dem Park eine visuelle Erweiterung verleiht. Diese Aussicht leitet auf dem weiteren, leicht ansteigenden Weg Richtung Pomonatempel über auf eine Gruppe Stechpalmen *(Ilex aquifolium)*, die im Plan von 1893 eingezeichnet ist und insbesondere im Winterhalbjahr mit ihrem glänzenden Laub und den roten Früchten Abwechslung bietet. Die Ilexgruppe lenkt wieder kurz den Blick hinaus in die Weite der Taunuslandschaft. Sofort wird die Sicht aber wieder wie ein Vorhang verdeckt. Hinter dieser Ilexgruppe wurde am historischen Standort eine Baumgruppe aus zwei Linden und einer Silberpappel *(Populus alba)* gepflanzt. Die Pappel ist dort mit ihrem silbernen Laub das kontrastgebende Gehölz und wirkt auch im Zusammenspiel mit der links des Weges befindlichen, ausgewachsenen Schein-zypressen-Gruppe *(Chamaecyparis)*. Auch sie erfuhr eine Auf-astung zum Erreichen eines hainartigen Charakters.

Kurz wird der grüne Vorhang noch durch eine Gruppe von drei großen, im ausgehenden Winter blühenden Kornelkirschen *(Cornus mas)* geschlossen gehalten. Ihr Nachweis ist – als ein ihn besonders beeindruckendes Erlebnis in der Fantasie – im „Botanischen Tagebuch. Bad Homburg vor der Hoehe" des Geologen und Naturforschers Friedrich Rolle (1827–1887) für die Jahre 1868–1870 belegt *(Stadtarchiv Bad Homburg, E 006 – Nachlass Dr. Friedrich Rolle)*. Wichtiges Zeugnis Rolles ist auch sein ebenfalls im Stadtarchiv befindliches Herbarium, das 13 Mappen mit regionalen Pflanzenbelegen, darunter auch aus dem Schlosspark, umfasst. Gesammelt wurden die Pflanzenteile in der Zeit von 1841–1845, 1853, 1854 und 1868–1871. Sie geben Aufschluss über die damals vorhandenen Pflanzenarten.

Links des Weges wurde neben der helllaubigen Silber-Pappel ein Blauglockenbaum *(Paulownia tomentosa)* nachgepflanzt, der mit seinen blauen Blüten und großen Blättern wieder Akzente setzt. Ursprünglich stand die *Paulownia tomentosa* hinter dem Tempel – eine Nachpflanzung am historischen Standort bot aber wegen des Altbaumbestands keine ausreichende Lichtverhältnisse. Hinter der Palownie bestand noch ausreichend Platz bis zur dort stehenden Schwarzkiefergruppe für die Nachpflanzung einer im Plan nur als Quercus bezeichneten Eiche. Gewählt wurde hier eine Sumpf-Eiche *(Quercus palustris)*, die sich in den letzten Jahren auch in anderen Parks als trockenheitsresistent herausgestellt hat.

In den wenigen Fällen, in denen die im Plan von 1893 (1898 ergänzt) angegebenen Originalstandorte nicht genutzt werden konnten, jedoch ursprünglich mit für die Fantasie besonderen Gehölzen ausgestattet waren, fanden einige Arten eine Wiederverwendung an anderer Stelle. So wurde die Pflanzenvielfalt wiederhergestellt, die für diesen Parkteil mit dem topografisch höchsten

▶ Pflanzung im Oktober 2020
*Fotos: Staatliche Schlösser und Gärten Hessen, Inken Formann*

Punkt im unteren Park und dem Standort des Tempels eine Besonderheit im Sinne einer botanischen Sammlung darstellt. Mit den Exoten Blauglockenbaum *(Paulownia tomentosa)* und Ahornblättrige Platane *(Platanus acerifolia)* fanden hier bereits im 19. Jahrhundert Bäume Verwendung, die laut Zonierungsprinzip im Landschaftsgarten oft als Verbindungselemente vom Pleasureground zum naturbezogenen Landschaftspark stehen sollten. Oft sind nämlich diese beiden Arten in klassischen Landschaftsgärten in der unmittelbaren Nähe des Schlosses / Wohnhauses gepflanzt. Die bereits seit dem ausgehenden 17. Jahrhundert gern auch in unseren Breiten als Zierbaum in Gärten und Parks gepflanzte Platane besticht durch ihren imposanten Wuchs, ihren mehrfarbigen Stamm, das helle und große, schattengebende Laub und die noch im Winter wie Kugeln am Baum hängenden Früchte. Die aus China stammende, erst 1835 erstmals beschriebene Paulownie bezaubert durch ihre großen, blau-violetten Glockenblüten. Das Erscheinen dieser beiden auffälligen Baumarten im Umfeld des Tempels der Pomona zeigt ebenfalls die Besonderheit der Parkpartie.

Zwischen den noch weiter südlich stehenden Linden bewirkt am einstigen Standort eine neu gepflanzte Silberpappel einen reizvollen Kontrast. Eine weitere stand ursprünglich an einem Standort, der heute von einer in der zweiten Hälfte des 20. Jahrhunderts gepflanzten Hopfenhainbuche links des Tempels der Pomona besetzt ist.

Nun, fast am Tempel der Pomona angekommen, präsentiert sich zunächst die Seitenfassade des Gebäudes der Pomona samt neu hinzugefügter Fensterornamente. Hier lohnt die seitliche Drehung Richtung Osten, mit der sich der großartige Landschaftsprospekt auf das Schloss mit markantem Weißen Turm eröffnet. Links im Mittelgrund dominiert eine sehr raumprägende, alte Stiel-Eiche (*Quercus robur, Stammumfang 459 cm*). Ihre Krone ist – nachdem sie im Jahr 2010 nach einem Sturm stark zurückgenommen werden musste – behutsam so geformt worden, dass sie den Blick zum Weißen Turm frei lässt und rahmt.

Die Wiese Richtung Schlossteich akzentuieren im Mittelgrund ferner eine neu gepflanzte Gleditschie (*Gleditsia triacanthos*) mit lichten, gefiederten Blättern und eine rotlaubige Blutbuche (*Fagus sylvatica*) – genau wie es im Pflanzplan überliefert ist. Umrahmt die Blutbuche mit ihrem dunkelroten Laub kulissenartig den Blick zum Schloss, so sorgt die *Gleditsia triacanthos* mit ihrem im Herbst gelb leuchtenden Laub für eine Auflockerung der Situation: das feine und gefiederte Laub wird bei Hirschfelds Baumklassifizierung von 1780 als „heiter" und „frei" bezeichnet. Die Blutbuche ist eine Spende der Stiftung Natur und Kunst im benachbarten Sinclair-Haus, welche der langjährigen und intensiven Zusammenarbeit beider Institutionen in dem Bereich der Kunst- und Naturvermittlung gewidmet ist.

Auch die hier in ihrer größten Ausdehnung sichtbare, artenreiche Wiese verdient Aufmerksamkeit: Über 80 verschiedene Kräuter und Gräser wurden bei einer biologischen Kartierung 1996/97 ermittelt, darunter Anemonen, Schafgarbenarten, leinblumige Glockenblumen, Wiesenflockenblumen, Labkraut, Johanneskraut, Gamander, Fünffingerkraut, Ranunkeln, Frauenmantel, Wiesenkammgras und weitere mehr. Leider mussten in der Bauphase mehrere Monate Holzbretter für die Materialanlieferung über die Wiese gelegt werden, wodurch eine vertrocknete Fahrrinne entstand. Um hier wieder die Artenvielfalt der Wiese herzustellen, streuten die Gärtner zunächst Komposterde, die aus im Schlosspark gewonnenem Grünschnitt entstanden war, auf die Trockenrinne, um das Wiederaufkeimen der im Boden liegenden Kräuter zu beschleunigen. Eine Begrünung mit Rollrasen sollte trotz der Erwartungshaltung einer geschlossenen Vegetation zur nahenden Eröffnung des Tempels auf keinen Fall vorgenommen werden, um den Bestand nicht zu verfälschen. Die beim Ausheben der Pflanzlöcher für die Gehölzpflanzungen von den Gärtnern vorsichtig abgeschälten Kraut- und Rasensoden wurden zusätzlich in die Rinnen gelegt. So konnten weitere der langjährig etablierten Kräuter und Gräser für die Wiese gerettet werden.

▶ Tempel der Pomona während der Bauphase, 2019
*Foto: Staatliche Schlösser und Gärten Hessen, Peter Vornholt*

▶ Regeneration der Wiese in der Fantasie nach Baustraße, 2020
*Foto: Staatliche Schlösser und Gärten Hessen, Peter Vornholt*

2020 wurde erstmals auch die Wiesenmahd unter dem Fokus der größtmöglichen Erhaltung der Artenvielfalt durchgeführt und dabei malerisch inszeniert: Die Mahd erfolgte möglichst spät im September, abgestimmt auf das Ausblühen der Kräuter. Das Heu wurde auf Heureutern getrocknet – so blieben die Samen vor Ort.

Rund um den Tempel der Pomona wurde die platzartige Situation nach historischem Vorbild unter dem großen Dachüberstand mit wassergebundener Decke (Felsenkies) wiederhergestellt. Zwei den historischen Fotografien nachgebildete Sandsteinbänke mit Voluten und Holzauflage laden hier nun wieder zum Verweilen und Philosophieren ein.

▶ Freigelegter historischer Wege-verlauf im Maronenwäldchen, Frühjahr 2020
*Foto: Staatliche Schlösser und Gärten Hessen, Peter Vornholt*

▶ Neu angelegter Weg durch das Maronenwäldchen, Herbst 2020
*Foto: Staatliche Schlösser und Gärten Hessen, Peter Vornholt*

Eine alte Platane, deren Standort auch in einer Handzeichnung vermerkt ist, breitet ihre Krone schützend über den Tempel der Pomona aus und bietet Windschutz von Norden. An ihrem mehrfarbigen Stammfuß beginnt der 2020 wiederhergestellte Rundweg durch das Maronenwäldchen, von dem man sich von Süden dem Herrschaftlichen Obstgarten nähern kann. Der Weg konnte durch Stichgrabungen aber unmittelbar unter dem Rasen wieder aufgefunden werden. Schon das behutsame Abschieben der Rasendecke legte den historischen Wegeaufbau vollständig frei. Der wiederhergestellte Weg erschließt das hier befindliche Maronenwäldchen und ermöglicht eine malerische Annäherung zum Tempel der Pomona vom Nordweg des Herrschaftlichen Obstgartens kommend.

▶ Pflanzung im Oktober 2020
*Foto: Staatliche Schlösser und Gärten Hessen, Inken Formann*

Das Maronenwäldchen muss sich bereits bei der Anlage der Fantasie an Ort und Stelle befunden haben: 1987 wurden bei der Fällung einer abgängigen Esskastanie 220 Jahresringe im Stamm gezählt. Neu angelegt wurde mit dem wiederaufgefundenen Rundweg auch die in mehreren Plänen sichtbare Platzsituation samt Astholzbank. Sie gibt den Blick auf den im Raster bepflanzten, bereits im ältesten Plan von 1787 ähnlich dargestellten Herrschaftlichen Obstgarten frei. Die Bank wird von einer Bestandsgruppe orientalischer Fichten im Hintergrund umrahmt, denen zwei neu gepflanzte Platanen zur Seite gestellt wurden. Die Bäume konnten am belegten Standort nachgepflanzt werden, auch wird der Abstand zum Obstgarten für die sehr groß werdenden Kronen ausreichen und die hier nicht passenden Fichten bald ersetzen.

Verlässt man den Tempel der Pomona und geht den Weg weiter in nördlicher Richtung bergab zum Herrschaftlichen Obstgarten, steht zunächst rechts auf der Wiese eine Dreiergruppe mit Spitzahorn *(Acer platanoides 'Allertshausen')*, umpflanzt von fünf Steinweichseln *(Prunus mahaleb)*. Auch dieser Standort ist dem Plan entnommen, doch fand hier eine Änderung der Ahornart statt. Der ursprünglich eingezeichnete Bergahorn *(Acer pseudoplatanoides)* hat verstärkt mit der Rußrindenkrankheit zu kämpfen, welche erstmals 1889 in Nordamerika aufgetreten ist, um 1945 in England Erwähnung fand und sich nun auch bei uns, durch die zunehmenden Trockenperioden, seit 2015 rasch ausbreitet. Ausgewählt wurde die Spitzahornsorte 'Allertshausen', die sich bei verschiedenen bundesweiten Standortversuchen als resistent gegen Trockenperioden und Pilzbefall erwiesen hat: eine Zäsur bei der Verwendung von eigentlich sortenfreien Baumarten in historischen Parks, aber auch eine erforderliche Anpassung an die aktuellen Bedingungen des Klimawandels.

▶ Herbstimpressionen,
Oktober 2020
*Fotos: Staatliche Schlösser*
*und Gärten Hessen,*
*Alexander Paul Englert*

Beim leicht abfallenden Weg passiert man von hier kommend links eine ältere Fichte und rechts, etwas hinter der Strauchgruppe, eine alte Schwarz-Kiefer *(Pinus nigra)*. Zusammen mit der Platane, den Maronen und der Eiche Richtung Schlossteich gehört sie zu den ältesten Bäumen in diesem Bereich. Belegt ist der Import von *Pinus nigra* auf einer der Pflanzenlisten, die Landgräfin Elizabeth von Hessen-Homburg (1770–1840) am 2. November 1820 erstmals aus den Royal Botanic Gardens von Kew in London mit 50 Exemplaren nach Homburg liefern ließ *(Archives Royal Botanic Gardens Kew, Outwards Index, o. S.).*

Wenn hier auch der Zugang zur Fantasie vom Schlossteich aus über den Altbach kommend beschrieben wurde, lohnt sich auch der Zugang in die Fantasie aus der Richtung des Herrschaftlichen Obstgartens: Im Bruch'schen Plan gab es diesen Zugang zwar noch nicht. Erst Westerfeld zeigt, dass es eine Verbindung zwischen Fantasie und Obstgarten gab. Heute unterbricht an der Wegekreuzung eine Gruppe von drei Weißdorn-Sträuchern *(Crataegus monogyna)* zunächst den Blick auf den Pomonatempel. Auch diese Gruppe ist auf dem Plan von 1893 vermerkt. Zusammen mit der Steinweichsel *(Prunus mahaleb)* gibt die Gruppe den Blick auf den Tempel erst langsam frei. Auch gliedert die große Schwarz-Kiefer von hier den Raum malerisch: Ihre tiefhängende Krone schirmt den Blick auf den Tempel der Pomona wie ein Vorhang ab. Erst durch näheres Heranschreiten offenbart sich der Tempel der Pomona.

▶ **Peter Vornholt**
Gartenleiter Schlosspark Bad Homburg
▶ **Dr. Inken Formann**
Leiterin des Fachgebiets Gärten,
Staatliche Schlösser und Gärten Hessen

▶ Der neue Sitzplatz mit Blick auf den Herrschaftlichen Obstgarten
*Foto: Staatliche Schlösser und Gärten Hessen, Alexander Paul Englert*

# DIE AUFGABEN DER GÄRTNER:INNEN

Im Bereich der Fantasie gehört die regelmäßige Baumkontrolle, die Wiesenmahd, die Pflege der kiesgedeckten Wege mit Freihalten von Unkräutern, Harken von Laub und Stechen der Rasenkanten, das Setzen von Frühjahrsblühern und Fördern der Artenvielfalt im Unterwuchs zu den Aufgaben der Gärtner:innen und Auszubildenden. Immer wieder müssen sie die Gesundheit und Sicherheit der Bäume überprüfen, damit sie so lange wie möglich am Leben erhalten bleiben und die Besucher:innen nicht durch herabfallende Äste gefährden werden. Dazu schauen sie jeden Baum einzeln an, klettern auch mal in die Kronen, um Totäste herauszuschneiden und Pilze oder Schädlinge zu erkennen. Im Wurzelbereich führen sie mit Auftrag von Humus oder Injektionen gezielt Nährstoffe hinzu, die die verschiedenen Baumarten vital halten. Bei den Sträuchern wird eine harmonische Form und Vitalität gefördert. Stetig wird nachgepflanzt, gegossen, geschnitten, geschuffelt und gewährleistet, dass die gewünschten Durchblicke offen bleiben.

Besonders die mit dem Klimawandel einhergehenden Extremwetterereignisse mit Hitzesommern bereiten den Gärtner:innen Sorgen. Auch Altbäume werden daher bereits ab Januar bewässert, damit sich im Boden ein Wasservorrat ansammelt. Doch auch zu viel Wasser in Form von großen, in sehr kurzer Zeit herabprasselnden Regenmengen ist ein Problem: das Wasser kann nicht schnell genug versickern, sondern spült oberirdisch die empfindlichen Wegedecken weg. Auch bei Sturmereignissen zittern die Gärtner:innen um den lieb gewonnenen Bestand.

▶ Schlossgärtner Mark Winzer bei der Baumpflege in der großen Zeder am Schloss
*Foto: Staatliche Schlösser und Gärten Hessen, Olli Heimann*

# BIODIVERSITÄT

In historischen Parks müssen die Interessen des Naturschutzes, der praktischen Parkpflege und der Gartendenkmalpflege gleichermaßen berücksichtigt werden. Die Gartenpflege kann zugunsten des Artenschutzes aber optimiert werden, etwa durch den richtigen Zeitpunkt der Wiesenmahd. Dafür muss man kartieren, was in der Wiese wächst und wissen, welche Arten wie gefördert werden können. Abhängig von Boden, Wasser und Licht können innerhalb einer Wiese die Pflegebedingungen damit sehr kleinteilig wechseln.

Biodiversität zu fördern bedeutet den Artenreichtum der Flora und Fauna zu erhalten, indem Lebensraum und Nahrungsquelle gesichert werden. Es bedeutet aber auch, optische Abwechslung für den Menschen zu sichern: Eigenart, Vielfalt und Schönheit von Natur und Landschaft, Gärten und Parks. Das lebendige Erbe der Vorgängergenerationen soll so lange wie möglich bewahrt werden.

Mit den 2020 wieder eingeführten Heureutern wird das traditionelle Trocknen des Wiesenschnittguts anschaulich gemacht und das Landschaftsbild akzentuiert. Auch der Duft des Kräuterheus bleibt so lange erlebbar.

▶ Heureuter in der Fantasie nach der Wiesenmahd im Spätsommer 2020
*Foto: Staatliche Schlösser und Gärten Hessen, Michael Leukel*

▶ Ansaat mit Wildblumenmischung am Herrschaftlichen Obstgarten
Foto: Staatliche Schlösser und Gärten Hessen, Alexander Paul Englert

# ARTENLISTE
**Fantasie – Hauptwiese am Tempel der Pomona**

Achillea millefolium
Agrostis capillaris
Ajuga reptans
Alchemilla xanthochlora-Gruppe
Alopecurus pratensis
Anemone nemorosa L
Anthoxanthum odoratum
Anthriscus sylvestris
Bellis perennis
Bromus inermis
Calamagrostis epigejos
Campanula rotundifolia
Cardamine pratensis
Carpinus betulus (Keimling)
Centaurea jacea
Cerastium holosteoides
Chrysanthemum leucanthemum
Cynosurus cristatus
Dactylis glomerata
Deschampsia cespitosa
Festuca pratensis
Festuca rubra
Galium album
Galium verum
Geum urbanum
Glechoma hederacea
Hieracium murorum
Holcus lanatus
Hypericum perforatum
Hypochoeris radicata

Leontodon autumnalis
Leontodon hispidus
Lolium perenne
Lotus corniculatus
Luzula campestris
Lysimachia nummularia
Phleum pratense
Plantago lanceolata
Plantago major
Plantago media
Poa angustifolia
Poa annua
Poa nemoralis
Poa pratensis
Poa trivialis
Polygonum aviculare aggr.
Potentilla reptans
Ranunculus acris
Ranunculus bulbosus
Ranunculus ficaria
Ranunculus repens
Rumex acetosa
Rumex acetosella
Saxifraga granulata
Stellaria graminea
Stellaria media
Taraxacum officinale
Trifolium pratense
Trifolium repens
Trisetum flavescens

Veronica chamaedrys
Vicia sepium
Viola spec.

**Fantasie – Wiesenstreifen zwischen Eingang Hessenring und Altbach**

Achillea millefolium

Agrostis capillaris

Alopecurus pratensis

Anagallis arvensis

Aphanes arvensis

Bellis perennis

Capsella bursa-pastoris

Carex hirta

Cerastium hol osteoides

Chenopodium album

Chrysanthemum leucanthemum

Dactylis glomerata

Erodium cicutarium

Erophila verna

Festuca rubra

Geranium pusillum

Glechoma hederacea

Holcus lanatus

Hypochoeris radicata

Leontodon autumnalis

Lolium perenne

Lotus corniculatus

Matricaria discoidea

Matricaria periorata

Plantago lanceolata

Poa pratensis

Poa trivialis

Polygonum aviculare aggr.

Polygonum persicaria

Ranunculus repens

Rumex acetosa

Rumex acetosella

Scleranthus annuus

Spergularia rubra

Stellaria graminea

Trifolium dubium

Trifolium pratense

Trifolium repens

Veronica arvensis

Veronica chamaedrys

▶ aus: BIOART/Christine Bredereck, Susanne Selber: Floristische und vegetationskundliche Kartierung, Kronberg 1998

# WARNUNG DES LANDGRÄFLICH HESSISCHEN JUSTIZAMTS

Aus dem Landgräflich-Hessischen Amts- und Intelligenzblatt vom 2. Mai 1819:

„Da der geschehenen Anzeige nach in dem herrschaftlichen Garten und den Bosquets seither, aller Mahn- und Erinnerungen ohnerachtet, der größte Unfug, Muthwillen und sogar Unfläte-reien auf den Spaziergängen verübt worden, welches bei den höchsten Herrschaften das größte Misfallen und Ekel erregen mußte; so wird hierdurch nochmals öffentlich bekannt gemacht, daß künftig diejenigen, welche sich in den Herrschaftlichen Gärten und Bosquets des geringsten Unfugs, Muthwillens oder Unfläterei zu Schulden kommen lassen, exemplarisch bestraft werden sollen, auch daß der Aufenthalt im Herrschaftlichen Garten nicht länger als bis neun Uhr abends gestattet ist.

Man giebt sich nunmehr der zuversichtlichen Hoffnung hin, daß Jedermann diese nochmalige Warnung beherzigen werde, und fordert zugleich Jeden, der irgend einen Unfug der Art zu entde-cken im Stande ist, auf, solchen der unterzeichnenden Behörde zur Bestrafung sogleich anzuzeigen, weil sonst zu befürchten stehet, daß Serenissimus veranlaßt werden dürfte, dem Publikum diese herrlichen Spaziergänge ganz versagen zu müssen."

*Geheimes Staatsarchiv Berlin*

▶ **Dr. Inken Formann**
Leiterin des Fachgebiets Gärten,
Staatliche Schlösser und Gärten Hessen

▶ Blick aus der Fantasie zum Weißen Turm, 1863
aus: Guillaume van der Hecht (1817–1891): Album „Bains de Hombourg" mit sechs Ansichten von Homburg und Umgebung
*Staatliche Schlösser und Gärten Hessen, Inv.-Nr. 1.2.1028*

# 3 HERRSCHAFT-
# LICHER
# OBSTGARTEN

Homburg vor der Höhe.

## DIE GESCHICHTE(N)
## DES HERRSCHAFTLICHEN OBSTGARTENS

Bereits die Merian-Ansicht aus dem Jahr 1646 zeigt unterhalb der Hohenburg einen geometrisch gegliederten Nutz- und Ziergarten mit Laubengang und angrenzenden Obstbaumpflanzungen. Mit dem Umbau der Burg zum Schloss wurden von Landgraf Friedrich II. (1633–1708) von Hessen-Homburg ein Obst- und Hopfengärtner sowie ein Weingärtner eingestellt. In späteren Anweisungen für die Hofgärtner sind immer wieder Forderungen nach „genügend Obst" zu lesen. Auch Landgräfin Ulrike Louise (reg. 1751 bis 1766) setzte sich verstärkt für den Obstanbau ein.

Der erste Plan des Herrschaftlichen Obstgartens am Schloss Homburg stammt aus dem Jahr 1787 (S. 74). Die dort dargestellten Hauptwegestrukturen sind bis heute noch an identischer Stelle erhalten. Bis heute wird Obst im Herrschaftlichen Obstgarten angebaut. Die Wiederbepflanzung der Partie mit Obstbäumen wurde 2003 durch das Kuratorium Bad Homburger Schloss e.V. begonnen und auf Dauer durch jahrelanges bürgerschaftliches Engagement ermöglicht.

Mit Eingliederung der hessisch-homburgischen Landgrafschaft in das preußische Königreich 1866 und der Übernahme des Hofgartendirektorenamtes durch Ferdinand Jühlke (1815–1893) stieg die Bedeutung des Obstbaus in Homburg. Aus der Zeit von 1875 bis 1906 sind zahlreiche Inventare und Pläne über die Obstsorten in den verschiedenen Quartieren des Herrschaftlichen Obst- und Gemüsegartens überliefert.

▶ Homburg vor der Höhe, Kupferstich, 1646
*Matthaeus Merian d.Ä.: Topographia Hassiae, Et Regionum Vicinarum, Frankfurt am Main 1655*

Angebaut wurden Äpfel, Birnen, Kirschen, Renekloden, Pflaumen, Zwetschgen, Mirabellen, Aprikosen und Pfirsiche. Auch Esskastanien (Maronen) wurden geerntet. Noch heute lebende Zeugnisse dieser Bäume stehen in unmittelbarer Nachbarschaft des Pomona-Tempels. Handschriftliche Aufzeichnungen im „Garten-Inventar" der Gärtner geben Aufschluss über die Kistenmengen und Tonnen an Äpfeln, Birnen und Pflaumen, Maronen, Mirabellen und Quitten, später sogar Aprikosen und Feigen, die 1899 bis 1913 per Bahn nach Potsdam und Berlin an den Hof Kaiser Wilhelms II. (1859–1941) geschickt wurden. Die Mengen sind auf S. 127 abgebildet.

Die Auswertung der Pflanzenlisten zeigt: Zwischen 1893 und 1906 gab es in den Obst- und Gemüsequartieren des Homburger Schlossparks über 1.000 Obstbäume in den verschiedensten Kutivierungsformen und Sorten. Von vielen Sorten wurden nur wenige Exemplare gepflanzt. Die Gärtner förderten bewusst die Vielfalt. Mehr als die Hälfte der im Inventar genannten Apfel- und Birnensorten steht heute auf der „Roten Liste der gefährdeten einheimischen Nutzpflanzen in Deutschland" (geführt beim Informations- und Koordinationszentrum für Biologische Vielfalt der Bundesanstalt für Landwirtschaft und Ernährung) und ist damit vom Aussterben bedroht.

Aktuell stehen im Herrschaftlichen Obstgarten 118 Obstbäume in 15 Sorten. Das Ziel ist es, die Anzahl, Sortenvielfalt und Kultivierungsformen entsprechend der historischen Aufzeichnungen auszubauen. Begonnen wurde dies im Herbst 2020 mit der Wiederbepflanzung der Kirschenallee. Ab Frühjahr 2021 wurde der aus dem späten 19. Jahrhundert stammende Spalier-Laubengang restauriert und mit den in den Plänen genannten Sorten wiederbepflanzt.

▶ „Plan des Obstgartens im Schlossgarten zu Homburg", vermutlich 1876
*Stiftung Preußische Schlösser und Gärten Berlin-Brandenburg, GK II (1) Mappe Homburg*

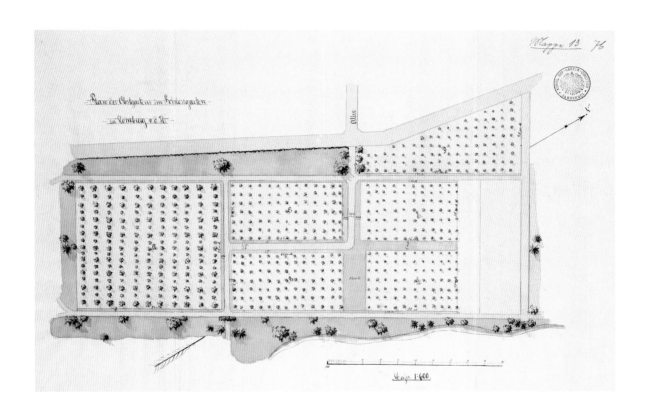

► Der Herrschaftliche Obstgarten im Schlosspark Bad Homburg v. d. Höhe
Foto: Staatliche Schlösser und Gärten Hessen, Alexander Paul Englert

1906

Situationsplan der Obstplantage
im Gemüsegarten. ⟶

Klein a. Aller.

Kirschen=Allee.

Altbach.

## OBSTSORTENLISTE LAUT INVENTAR 1893–1906
**Originalschreibweise**

Alexander Bivardt

Alexanderbirn

Alexandrine d'Ouillard

Amalie Lederle (Amalie Leclerc)

Amanlis Butterbirne

Ananas Renette

Andenken an den Congreß

Anna Audisson

Apfel

Apfel von Maschlowik

Baronin von Mello

Baumanns Renette

Bergamotte

Bestebirn

Birne

Birne von Trongress

Bismarckapfel

Blumenbachs B. B.

Boikenapfel

Boscs Flaschenbirne

Brauner Matapfel

Bühler Zwetsche

Butterbirne

Canada Renette

Carmin Calvill

Casseler Renette

Cellini

Champagner Renette

Charlamowsky

Claire Geau's B. B.

Clapps Liebling

Cooks Orangen Pepping

Cox Pomona

Cox's Orangen Pepping

Darmstedter Bergamotte

Dechantsbirne von Alenzon

Diehl's Butterbirne

Dietrichs Winter B. B.

Dr. Alfreds

Dumonts BB

Edel Borsdorfer

Edel Crasanne

Edelborsdorfer

Eierpflaume

Eierzwetsche

Engl. Spital Renette

Esperens Bergamotte

Esperens Herrenbirn

Feigenbirne von Alençon

Fenchelapfel

Forellenbirn

Freiherr von Berlepsch

Frühe Birne

Gasgoigne

Gelbe Pflaume

Gelber belle Fleur

Gelber Richard

Gelber Wachsapfel

Gelber Zitronenapfel

Gellerts Butterbirne

▶ „Situationsplan der Obst-
plantage rechts vom Grünen
Bogen (Oberes und unteres
Mirabellenstück)",
aus: Inventar 1893–1906
*Staatliche Schlösser und
Gärten Hessen*

General Tottleben

Glanz-Renette

Gloria Mundi

Golden Noble

Goldene von Blenheim

Goldgelbe Sommerrenette

Goldparmaene

Goldpepping

Goldrenette von Blenheim

Goldzeugapfel

Graf von Haldern

Grahams Jubiläumsapfel

Graue H. B. B.

Graue Renette

Gravensteiner

Grummkower Butterbirne

Grüner Fürstenapfel

Gute Graue

Gute Louise von Avranche

Hardenponts Leckerbissen

Hardenponts W. B. B.

Hauszwetsche

Helene Gregoire

Herzog von Morny

Herzogin von Angouleme

Himbeerapfel

Hochfeine Butterbirne

Hofrathsbirne

Holzfarbige BB

Honigbirn

Jansen von Welten

Josephine v. Mecheln

Kaiser Alexander

Kassler Renette

Kirsche

König Carl von Württemberg

Königin Apfel

Königin in der Späten

Königlicher Kurzstiel

Köstliche von Charneu

Kräuter Renette

Landsberger Renette

Langtons Sondersgleich

Laues Prinz Albert

Liegels Butterbirne

Ligels-Winter-Butterbirne

London's Pepping

Lord Grosvenor

Louis noisette

Lucius Taubenapfel

Madame Gregoire

Madames Flaschenbirne

Marian Birn

Minister Lucius

Mirabelle

Morgenduft

Muskat Renette

Napoleons Butterbirne

Neue Poiteau

Neustadts gelber Pepping

Notaire Lapin

Oberdicks Renette

Olivier de Serres

Orleans Renette

Parkers Pepping

Pastorenbirne

Pedsgood Lowdersgl.

Pedsgood Unvergleichliche

Pflaume

Pigasuse (?)

Prinzenapfel

Raybim B. B.

Regetin

Reineclaude

Renette von Zucchalmaggio

Ribstons Pepping

Rinz Sämling

Roter Astrachan

Roter Cardinal

Roter Eiserapfel

Roter Herbst Calvill

Roter Sommerapfel

Rote Sternrenette

Roter Stettiner

Roter Triersscher Weinapfel

Schmalzbirne

Schöner v. Nordhausen

Schöner von Boskoop

Schöner von Miltenberg

Schöner von Nordhausen

Schöner von Pontoise

Schwarze Herzkirsche

Schwesternbirn

Six B. B.

Spaniett. B. B.

Späte v. Toulose

Sterckmanns Butterbirne

Stuttgarter Geißhirtle

Taubenapfel

Tongresbirn

Transpartent de gronce

Triumphe de Vienne

Trockner Martin

Vagestapfel

Van Mons Butterbirne

Vereins B. B.

Vereins Dechantsbirne

W. Dechantsbirn

W. Goldparmaene

Wagener Apfel

Wamington Parmaene

Weigelts Feinster Zinszahler

Weihnachtsbirne

Weiße Goldparmaene

Weißer Herbst Calville

Weißer von Calville

Weißer W. Taffetapfel

Weißer Winter Calville

Winter Citronen

Winter Dechants Birne

Winter Nelis

Winterdechance

Zitronenapfel

▶ Historische Spaliere im Schloss-
park vor der Wiederbepflanzung
*Foto: Staatliche Schlösser und
Gärten Hessen, Inken Formann*

Die mit ○ bezeichneten sind die [...]
Pyramiden u. Halbstämme.
Die mit X bezeichneten sind die äl-
teren Hochstämme, deren Verzeichniss siehe Seite 75.

# „DER BESTAND VON OBSTBÄUMEN AM 1. DEZEMBER 1913"

„An hoch und halbstämmigen Apfelbäumen:

Tragbare 287 Stück

Nicht tragbare 133

Buschbäume 55

Pyramiden 17

Spalierbäume 44

An hochstämm. Birnbäumen

Tragbare: 54

Pyramiden: 207

Spalier: 25

Cordon: 27

Nicht tragbare 24

Cordons 31

Kirschen: 23 Stück

Pflaumen und Zwetschen Bäume: 50

Mirabellen: 64 Stück

Reine Claude: 7

Aprikosen: 9 Stück, halbst. und Pfirsichbäume 10 Stück,

Büsche 6 oder 4 halbstämmig."

*Kgl. Garten-Intendantur 1892–1914,*
*Staatliche Schlösser und Gärten Hessen*

▶ Sortenliste und „Situationsplan
der Obstplantage im Gemüsegarten", aus: Inventar 1893–1906
*Staatliche Schlösser und*
*Gärten Hessen*

# KULTURFORMEN VON OBST

Obst wird als Hochstamm, Halbstamm und Kleinstamm, als Allee, Buschbaum, Cordon, Spalier oder Pyramide gezogen.

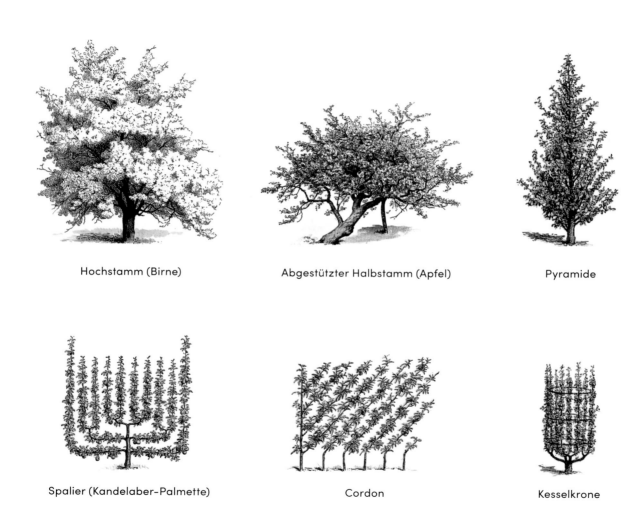

Hochstamm (Birne)

Abgestützter Halbstamm (Apfel)

Pyramide

Spalier (Kandelaber-Palmette)

Cordon

Kesselkrone

▶ Verschiedene Anzuchtformen von Obst
*Foto: Privatbesitz Inken Formann*

## DIE OBSTQUARTIERE UND DAS MARONENWÄLDCHEN

Es gab im Bad Homburger Schlosspark ein Apfelquartier, ein Birnenstück, einen Zwetschgengarten, ein Mirabellenstück, Gemüseland und eine Kirschenallee.

Zur Obstkultur gehörte auch die Edelkastanie *(Castanea sativa)*. Ihre stärkereichen Früchte waren früher in vielen Regionen Europas ein Grundnahrungsmittel. Pro Jahr können 100–200 kg Maronen von einem ausgewachsenen Baum gewonnen werden. Sie sind geröstet oder gekocht essbar. Erst als die Kartoffel in Europa eingeführt wurde, nahm die Bedeutung der Edelkastanie ab.

▶ **Dr. Inken Formann**
Leiterin des Fachgebiets Gärten,
Staatliche Schlösser und Gärten Hessen

▶ Maronenblatt und –frucht
*Foto: shutterstock*

## OBST AUS HOMBURG AUF DER TAFEL KAISER WILHELMS II. IN SANSSOUCI

Am Hof zu Homburg v. d. H. hat der Anbau von Obst eine lange Tradition. Schon zum Schloss des Landgrafen Friedrich II. (1633–1708) gehört ein Obstgarten. Seine Bedeutung stieg noch um 1750 unter Landgräfin Ulrike Louise (1731–1792), als mit der Verbreitung der Apfelweinkelterei von Frankfurt aus bis in den Taunus hinein der Anbau von Äpfeln in der Region einen neuen Stellenwert gewann. Eine abermalige Bedeutungssteigerung erfuhr der Obstanbau, nachdem Homburg im Friedensvertrag vom 3. September 1866 an Preußen gefallen war und Ferdinand Jühlke (1815–1893), der ehemals akademische Gärtner der Landwirtschaftsakademie Eldena, mit seinem fundamentalen Fachwissen im selben Jahr zum Nachfolger Peter Joseph Lennés (1789–1866) zum Königlichen Hofgartendirektor nach Potsdam-Sanssouci berufen worden war. In dieser Funktion gehörten auch die Schlossgärten von Homburg v. d. H. mit zu seinem Verant-wortungsbereich. Seither erlebte der Obstbau in Homburg eine Blütezeit.

1870, als Elfjähriger, wohnte der spätere Kaiser Wilhelm II. (1859–1941) zusammen mit seiner Mutter und Geschwistern erstmals im Homburger Schloss. Es muss ihm hier so gut gefallen haben, dass er seit 1897 fast jeden Sommer im renommierten Fürstenbad Homburg verbrachte. Im Kurort hatte der Kaiser nicht nur ein gegenüber Berlin und Potsdam zwangloseres Leben schätzen gelernt, sondern auch die Genüsse der hiesigen Obst-kultur, die Ferdinand Jühlke inzwischen auf eine äußerst hohe Qualitätsstufe dadurch zu steigern gewusst hatte, dass er die jeweiligen Vorzuge einer Obstsorte zu optimieren verstand. Dies gelang ihm durch den bevorzugten Anbau von Sorten, die durch wissenschaftliche Erkenntnisse ganz auf die lokalen

▶ Foto von Ferdinand Jühlke, preussischer Hofgartendirektor
*SPSG, GK II (17) NL Jahnke, 1549/18a-1., Foto: Daniel Lindner*

klimatischen Bedingungen und Bodenverhältnisse abgestimmt waren. So sind uns aus den Jahren 1875 bis 1906 Pflanzlisten von jenen Obstsorten überliefert, die Jühlke für den Anbau in Homburg als ideal erachtete. Neben Äpfeln und Birnen betraf das ebenso Pflaumen, Mirabellen, Quitten, Maronen und später sogar Aprikosen und Feigen.

All diese Früchte müssen so köstlich gewesen sein, dass der Kaiser selbst nach seiner Rückkehr nach Sanssouci und Berlin nicht auf deren Genuss verzichten wollte. In besonderem Maße traf das für den auch in Homburg gedeihenden Kartäuserapfel – Synonym für den Weißen Winter Taffetapfel – zu. Diese alte, bis ins 12. Jahrhundert zurückzuverfolgende Obstsorte, die in Deutschland, Österreich-Ungarn und Frankreich weite Verbreitung fand, galt als Lieblingssorte des Kaisers und wurde ihm zur Bereicherung seiner herrschaftlichen Tafel nach Sanssouci geliefert. Der Umfang dieser Obstlieferungen war beträchtlich und betrug über viele Jahre hinweg meist mehrere hundert Kisten, die den Hofküchen in Berlin und Potsdam zur Verfügung gestellt wurden!

Neben dem Kartäuserapfel zählten laut Pflanzenlisten solch bewährte Sorten wie der Prinzenapfel, die Goldrenette von Blenheim, der Boikenapfel oder die Birnensorten Gute Luise von Avanches bzw. Clapps Liebling zu jenen Obstkulturen, die in Homburg besonders gut gediehen. Auch die Hauszwetsche, Wangenheims Frühzwetsche und die Mirabelle von Nancy wurden im Herrschaftlichen Obstgarten zu Homburg mit Erfolg gezogen.

Jühlke war jedoch in Homburg nicht allein für die Obst- und Gemüsezucht zuständig: Als Nachfolger des großen Gartenkünstlers Peter Joseph Lennés bemühte er sich auch um die

▶ *Obstlieferungen nach Potsdam, aus: Kgl. Garten-Intendatur 1892–1914 Staatliche Schlösser und Gärten Hessen; Grafik: Stefka Simeonova, STUDIO FORELL*

Gestaltung von Teilbereichen des Homburger Schlossparks.
So sind aus den Jahren 1885/86 in der Potsdamer Plankammer
zwei Entwürfe zur gartenkünstlerischen Verbesserung der
Anlagen am Königlichen Schloss zu Homburg v. d. H. überliefert,
mit denen Jühlke neben seiner unangefochtenen Stellung als
führender Pomologe in Preußen auch seine großen Verdienste
für die Gartenkunst unter Beweis stellte.

▶ **Dr. Gerd-Helge Vogel**
Privatdozent, em. Zürcher Hochschule der Künste
und Universität Greifswald

**Zur Kaiserzeit ging an Obst
nach Sanssouci:**

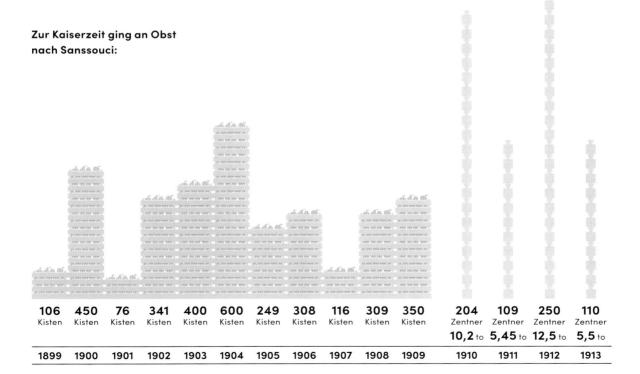

| 106 Kisten | 450 Kisten | 76 Kisten | 341 Kisten | 400 Kisten | 600 Kisten | 249 Kisten | 308 Kisten | 116 Kisten | 309 Kisten | 350 Kisten | 204 Zentner 10,2 to | 109 Zentner 5,45 to | 250 Zentner 12,5 to | 110 Zentner 5,5 to |
|---|---|---|---|---|---|---|---|---|---|---|---|---|---|---|
| 1899 | 1900 | 1901 | 1902 | 1903 | 1904 | 1905 | 1906 | 1907 | 1908 | 1909 | 1910 | 1911 | 1912 | 1913 |

# ZWEI GÄRTNERISCHE GLANZLICHTER AUS DER KAISERZEIT IM PARK SANSSOUCI, POTSDAM

Die einstige Landgrafschaft Homburg war von 1866 an preußisch. Die Verwaltung lag in Potsdam-Sanssouci, wo ebenfalls eine reiche Nutzgartenkultur betrieben wurde. Während der Kaiserzeit leuchten zwei Aspekte besonders heraus, wenn man den Fokus auf die Geschichte der Nutzgärtnerei im Bereich des Parks Sanssouci richtet.

**Vorgeschichte**

Dieser Park in Potsdam entwickelte sich ab Anfang des achtzehnten Jahrhunderts aus einem nur reichlich zwei Hektar kleinen Küchengarten vor den Toren der Stadt. Auf die fast hundertfache Fläche vergrößert, verschönert und ausgestattet wurde er dann jedoch in der 46 Jahre währenden Regentschaft des Königs Friedrich II. (1712–1786). Bezüglich der Grundrissgestaltung und der Raumstruktur unterschied sich der damalige Garten nicht grundlegend von anderen fürstlichen Anlagen dieser Zeit. Sanssouci verfügte allerdings über ein Alleinstellungsmerkmal, das ihn gegenüber allen vergleichbaren Parks der Zeit heraushob – überall waren nutzgärtnerische Partien in die Gestaltung einbezogen.

Das begann bei den namensgebenden Terrassen im Zentrum der Anlage, auf denen Wein, Feigen, Zitruskübel und Obstpyramiden die Hauptakteure waren. An der Peripherie entstanden mehrere auf besondere Fruchtkulturen wie zum Beispiel Melonen, Ananas, Bananen und Papayas spezialisierte Gärtnereien. Fast alle der zeittypischen Heckenquartiere waren mit einer Fülle verschiedener erlesener Obstbäume bepflanzt. Die von der Himmelsrichtung her geeigneten Abschnitte der

Umfassungsmauer waren zum Treiben von Wein, Feigen und heimischem Obst eingerichtet. In den Bosketts gab es Gartensalons mit Treibmauern für Spalierobst und Erdbeerbeeten und selbst in den so genannten „englischen" Partien waren kleine Obsthaine sowie als Wegeinfassung Beerensträucher und Obstbäumchen integriert.

Einige der von Friedrich II. in dieser Beziehung initiierten Nutzungen und Gestaltungen wurden gleich mit dessen Tod gänzlich aufgegeben oder zumindest stark reduziert. Bei den Nachfolgern und vor allem unter der Federführung des überragend prägenden General-Gartendirektors Peter Joseph Lenné (1789 – 1866) lag das Augenmerk viel mehr auf der räumlichen Erweiterung, der Schaffung langer Sichten und der Verbindung benachbarter Parks untereinander in Form einer die ganze „Insel Potsdam" umfassenden und überschreitenden landschaftlichen Gartenanlage. Man war im neunzehnten Jahrhundert weniger am Nutzaspekt als vielmehr an ästhetischer Aufwertung interessiert. In dieser Zeit entstanden viele an der italienischen Renaissance orientierte Gartenpartien, auch Rosengärten, Gruppen von Blattschmuckpflanzen und neuer Skulpturenschmuck kamen hinzu. Viele neue Wasserspiele und Fontänen trugen zur Bereicherung bei, seit es die Möglichkeit gab, mittels Dampfmaschinen Wasser in die Gärten zu leiten.

Kaiser Wilhelm II. (1859 – 1941), der von 1888 an für dreißig Jahre regierte, entwickelte ein besonders enges Verhältnis und Verständnis für nutzgärtnerische Belange. Seine sehr gartenaffine Mutter Victoria (1840 – 1901), die in ihrer eigenen Kindheit in Osborne House eine persönliche Gartenparzelle mit eigenen Gerätschaften bewirtschaftet hatte und über sehr gründliche Pflanzenkenntnisse verfügte, stellte während der sommerlichen Aufenthalte in Potsdam ihren Kindern Vergleichbares zur

Verfügung. Auch in den Heckengärten beim Neuen Palais gab es kleine Gärtchen für die Kinder, in denen diese sich selbst mit der Obst- und Gemüsekultur beschäftigen oder während eines Internatsaufenthalts in Kassel gesammelte Samen der dortigen Pyramideneichen stecken und deren Wachstum verfolgen konnten. Gleich neben dem kronprinzlichen Spielplatz lag auch ein Mustergarten für Heil- und Apothekenpflanzen. In den Schlossräumen standen öfters Schalen mit frischem Obst zur Selbstbedienung für die ganze Familie.

So entwickelte sich bei Wilhelm II. ein grundlegendes Interesse für Gartendinge. Als dann mit seiner Machtübernahme die Aufenthalte im Neuen Palais zeitlich ausgeweitet wurden und das Haus samt seiner Umgebung den neuen und größeren Ansprüchen entsprechend modernisiert wurde, erhielt auch die benachbarte Gärtnerei eine Reihe von modernsten Gewächshäusern. Bevor etwas weiter östlich 1913 das „Neue Stück" zum fünfundzwanzigsten Thronjubiläum angelegt wurde, waren die ehemals an dieser Stelle befindlichen Gewächshäuser des Terrassenreviers durch eine nahe gelegene opulente Gewächshausanlage samt großem Palmenhaus mehr als ersetzt worden.

Viele der Innovationen und Veränderungen hatten selbstverständlich auch ihre Hintergründe in dem leitenden Personal der Gartenverwaltung. Lennés Nachfolger Ferdinand Jühlke (1815–1893) kam aus dem Erwerbsgartenbau und kannte sich auch mit dem Obstbau bestens aus. Seine Stärken und Interessen lagen mehr auf dem Gebiet der Gartenpraxis als auf dem der Umgestaltung und Neuplanung. Außerdem verlagerte sich der Schwerpunkt von den großen Erweiterungen und Neugestaltungen auf die Ausformung und Erhaltung der Raumstruktur der Gärten. Der für die zum Neuen Palais gehörenden Klausberganlagen zuständige Gärtner war um diese Zeit der von Jühlke protegierte Johann Joseph Glatt (1843–1911).

**Wein- und Pfirsichhäuser am Klausberg**
**(gebaut 1895–1900)**

Nachdem die kaiserliche Hofhaltung in Potsdam eine erhöhte Menge an Tafelfrüchten vor Beginn der eigentlichen Saison erforderte, wurde am Klausberg das für unsere Betrachtungen besonders interessante Bauvorhaben einer großen Gewächshausanlage für Wein und Pfirsiche realisiert. Hier, in der Nordwestecke des Parks von Sanssouci, wurde schon seit 1769 Nutzgärtnerei betrieben. Anfangs existieren nur drei Terrassen mit freistehenden Obstbäumen, drei kleinere kalte Treibmauern und davor ein kleiner Weinberg. Die kalten Tatutmauern für Wein und anderes edleres Obst wurden fünfzehn Jahre später auf je 250 m verlängert. 1862 kam dann noch eine vierzig mal dreißig Meter große kammförmige Lepère´sche Anlage mit Obstspaliermauern hinzu.

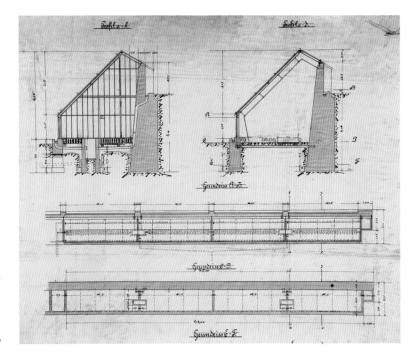

▶ Zeichnung zum Neubau der zweiten Hälfte des Weinhauses auf dem Drachenberge in der Nähe des Neuen Palais, unsigniert, undatiert [1895] *SPSG, GK II (1) 2285, Ausschnitt, Foto: Gerd Schurig*

Am Fuße dieses Quartiers wurde nun zwischen 1895 und 1902
eine auf dem höchsten technischen Stand der Zeit stehende
Anlage von Gewächshäusern für die Treiberei von Tafelwein und
Pfirsichen samt dazugehörigen Heizhäusern und Unterkünften
verwirklicht. Anregungen und erste Zeichnungen dazu sollen
vom Gartendirektor Hermann Walter (1837–98) stammen, der
zwischen 1891 und 1896 noch in Kronberg tätig war, dort jedoch
auch hochmoderne Treibhäuser errichten ließ. Die endgültigen
Bauzeichnungen fertigte der Hofbaurat Edmund Bohne und
die Ausführung lag in den Händen der renommierten Gewächs-
hausfirma Gustav Wehner aus Britz (Berlin). Das nach Süden
stark abfallende Gelände hatte große Vorteile bezüglich der
Besonnung, was jedoch durch technologische Probleme beim
Bauen am Hang erkauft werden musste. Im Ergebnis entstanden
in der achtjährigen Bauzeit zwei einseitige, an hohe Hang-
stützmauern angelehnte Pultdach-Häuser von 93 beziehungs-
weise 97 Metern Länge, ein tieferes, symmetrisches Haus mit
Satteldach von 93 Metern Länge und die zwei dafür erforder-
lichen Heizhäuser samt gläsernen Verbindungsgängen. Ein
weiteres Satteldach-Haus war geplant, wurde dann aber nicht
mehr verwirklicht.

▶ Gruppe von Topfobst-
bäumchen auf den Terrassen
von Sanssouci, um 1905
*SPSG; Gartendirektion,
Fotoalbum aus dem Nachlass
Friedrich Kunert*

▶ Die Fruchthäuser am Klausberg,
Gesamtansicht von Osten
aus Möller´s Deutscher Gärtner-
Zeitung 33 (1903), S. 596.

▶ Fotoatelier W. Andauer: Pots-
dam, „Die Königlichen Gewächs-
häuser auf dem Drachenberg",
Blatt 3, Blick in ein zur Pfirsich-
treiberei genutztes Quartier des
Sattelhauses im Jahr 1902
*SPSG, Neuer Zugangskatalog,
Nr. 7221*

Die Konstruktion der Häuser aus Eisenträgern und hölzernen
Sprossen war so gewählt, dass sowohl das acht Meter breite
Sattelhaus als auch die fünf Meter breiten Pulthäuser ohne innen
liegende Zwischenstützen auskamen. Gläserne Verbindungs-
gänge führten mittig von den unteren Heizhäusern durch die
Sattelhäuser zu den oberen Pulthäusern. An den Stirnseiten be-
fanden sich vor jedem Eingang als Klimaschleusen noch einmal
gläserne Vorbauten. An der Firstlinie, an den untersten Steh-
fenstern und teilweise zusätzlich noch auf halber Höhe lagen
durch zentrale Radkurbeln stufenlos regelbare Reihen von
Lüftungsfenstern. Die Heizung erfolgte durch Klimax-Kessel im
Warmwasser-Niederdruck-Verfahren. Der Vorlauf des warmen
Wassers führte im Mittelgang unter für die Lufterwärmung
durchbrochenen Eisenplatten und zwecks Temperierung gleich
noch durch die Wasserbecken; der Rücklauf, geteilt in je drei Paar
Heizungsstränge, verlief am Fuße der Seitenwände. So waren
die im Boden ausgepflanzten Fruchtgehölze zu keiner Zeit den

Außentemperaturen ausgesetzt. Dem Schattieren bei Bedarf dienten über Kurbeln und Umlenkrollen vom First nach unten abrollbare Holzlamellen. Das auf den Dächern und in der Umgebung gesammelte Wasser konnte in die inneren Becken geleitet werden und brauchte nur bei großem Mangel aus der Parkwasserleitung ergänzt zu werden. Zum Zwecke der unterschiedlichen Temperierung und der verschiedenen Kulturbehandlung waren die Häuser mit Glaswänden in elf oder vierzehn Meter lange Quartiere unterteilt. Jedes der Quartiere hatte ein eigenes Gießwasserbecken und separat regelbare Heizung. Von den insgesamt zwanzig Quartieren wurde ein Viertel für Pfirsiche, der Rest für Wein genutzt.

Quartierweise getrennt waren frühe und späte Tafelweinsorten in den Häusern gepflanzt, zum Teil direkt an Drähten unter den Fenstern, zum Teil an den Rückwänden entlang geleitet. So konnte das Antreiben der frühesten Rebsorten zu Neujahr beginnen, deren Ernte dann etwa von Mitte Mai bis Mitte Juli währte. Die ab Anfang Februar getriebenen nächsten Sorten waren ab Juli erntefähig. So konnten alle zwei bis drei Wochen weitere Quartiere in Kultur genommen werden, die in der Folge bis in den September hinein ihre Früchte lieferten. Zu diesem Zeitpunkt begann dann schon die Ernte an den unbeheizten Mauern (Talutmauern von Sanssouci, auf dem Winzerberg und gleich nebenan auf dem Königlichen Weinberg) und vom Freiland, die bis in den November hinein reichen konnte. Aber selbst dann war noch kein Ende mit den Lieferungen, denn durch gezieltes Lüften und Schattieren wurde in einzelnen Quartieren auf dem Klausberg der Kulturablauf derart verzögert, dass dort ein lange an den Pflanzen hängender Vorrat an Tafeltrauben von November bis Ende Januar geerntet werden konnte. Dann immer noch reichlich vorhandene Früchte wurden mit einem Stück des Rebstocks abgeschnitten, in speziellen Flaschen auf Gestellen in abgedunkelten Räumen aufbewahrt und konnten dadurch im günstigen Fall die Lücke bis zur Ernte der nächsten Frühsorten füllen. Im Laufe langer Jahre hatten die betreuenden Hofgärtner für jede der Treibvarianten die schönsten und geeignetsten Rebsorten erkannt und zum Teil selbst noch neue gezüchtet. Allein von den beschriebenen Häusern auf dem Klausberg konnten pro Jahr 1250 Kilo Wein geerntet werden. Darüber hinaus gab es aber weiterhin Tafelrebenkulturen in Treibhäusern, an Mauern und im Freiland in anderen kaiserlichen Gartenrevieren.

In fünf Quartieren der neugebauten Häuser auf dem Klausberg, das entspricht etwa 85 Metern Gewächshauslänge, wurden in vier Metern Abstand direkt unter den Vorderfenstern – in den Sattelhäusern auch in der Mitte – Pfirsichbäume gepflanzt. Nach einigen Jahren füllten sie die Fensterflächen völlig mit ihren Zweigen aus. Im Gegensatz zu England, Frankreich, Belgien und Holland war die Treiberei dieser Früchte in Deutschland damals nicht nennenswert entwickelt. Friedrich Kunert (1863–1948), der in der Treibkultur erfahrenste Potsdamer Hofgärtner der damaligen Zeit, hatte aber erkannt und publiziert, dass die Pfirsichbäume hierzulande unter Glas durch das bessere Ausreifen des Holzes nicht nur mehr und schönere Früchte lieferten, sondern auch stabilere Erträge hatten als außerhalb. Weil es für die kaiserliche Tafel auf Größe und Schönheit der Früchte ankam, wurden eine Reihe besonders großfrüchtiger erprobter Sorten gepflanzt. Der größte Teil der Quartiere wurde vergleichbar zum Wein gestaffelt ab Januar angetrieben und konnte entsprechend von Anfang Mai bis Ende Juni beerntet werden. Ab diesem Zeitpunkt waren dann aus Frankreich oder Italien importierte Früchte und noch später im Jahr eigene Freilandkulturen günstiger. Auch ein Treiben ab November war bei den Pfirsichen möglich. Das erforderte aber einen unverhältnismäßig hohen Heizkostenaufwand und wurde daher nur in geringem Umfang praktiziert. Insgesamt konnten bereits 1902 fünf Zentner (etwa 250 Kilogramm) Pfirsiche geerntet werden. Etwas später waren es je nach Kalkulation zehn- bis fünfzehntausend Früchte (das entspricht dreihundert bis vierhundert Früchten pro Baum und etwa dem zehnfachen Gesamtgewicht).

Anfangs, so lange die Weinreben und Pfirsichzweige die Flächen oder Wände noch nicht voll bedeckten, konnten in den Zwischenräumen noch andere Pflanzen wie Weinreben, Tomaten oder Erdbeeren angebaut werden. Auch später wurden in den blattlosen Phasen oder durch schattenverträgliche Nebenkulturen die klimatischen Möglichkeiten der Glashäuser voll ausgenutzt. So gediehen hier außerdem noch Chrysanthemen oder in zwischengestellten Töpfen zum Beispiel Erdbeeren oder ein reiches Bohnen- und Tomatensortiment. Auch Obstbäume in Töpfen konnten an freien Stellen noch untergebracht oder wie im Falle von Kirschen auch vorgetrieben werden.

Der Bau des großen Treibhauskomplexes war begleitet von weiteren Verschönerungen im Umfeld der Anlage. So wurden die Umfassungsmauern komplett erneuert und im unteren Bereich mit einem schönen schmiedeeisernen Zaun und Toren ausgestattet. Das benachbarte Drachenhaus und die inzwischen mehr als hundertjährigen Talutmauern wurden erneuert, eine neue Parkwasserleitung gelegt und über der mittleren Rampe eiserne Bögen für Birnenspaliere aufgestellt.

**Topfobstbäumchen in Sanssouci**
Zur gleichen Zeit zogen östlich davon im Zentrum von Sanssouci die durch den bereits erwähnten Hofgärtner Friedrich Kunert kultivierten Topfobstbäumchen das begeisterte Interesse von Fachkollegen und Besuchern auf sich. Das lag natürlich am markanten Aufstellungsort der Terrassenanlage unterhalb von

Sanssouci aber auch an der beträchtlichen Menge und hohen Qualität der Pflanzen und muss einen sehr malerischen Gesamteindruck vermittelt haben. Anfangs waren zu dieser Thematik nur ein paar Abbildungen in den Dokumentationsunterlagen der Gartenabteilung und im Fotoarchiv der Stiftung Preußische Schlösser und Gärten zu finden. Besonders aufschlussreich ist jedoch ein Artikel aus Möller´s Deutscher Gärtner-Zeitung aus dem Jahr 1904, der mit zehn Abbildungen illustriert ist. In diesem erläutert der umtriebige und versierte Hofgärtner Kunert als Initiator der Attraktion seine Kulturmethode und regt unter Auflistung detaillierter Behandlungshinweise zur Nachahmung an.

Die Kultur von Obstbäumchen in Töpfen war schon lange üblich und wurde vor allem für die Treiberei genutzt, indem man die getopften Bäumchen zusätzlich in die heizbaren Gewächshäuser hineinstellen konnte. Durch die geringe Größe konnten nach Kunerts Empfehlung alle Lücken in vorhandenen Gewächshäusern gefüllt und auch beschränkte Räume in kleineren Gärtnereien genutzt werden. Außerdem standen zum Zeitpunkt eventueller Festlichkeiten oder Ausstellungen leicht transportable, dekorative Pflanzen zum Tafel- und Raumschmuck zur Verfügung. Derartiges wurde hier bereits in der Mitte des 18. Jahrhunderts praktiziert. Indizien aus Babelsberg wie beispielsweise in der Gärtnerei ausgepflanzte Zwergbäumchen und gefundene Tontöpfe sprechen für eine schon um 1860 vorhandene Topfobstkultur.

Das Spektrum möglicher Obstarten umfasste prinzipiell alle heimischen Früchte bis hin zu Beerensträuchern, reichte aber auch bis zu Ananas und natürlich Zitrusfrüchten. Kunert erwähnt allerdings, dass er die weit besten Erfahrungen mit Äpfeln und Birnen gemacht hatte, Pfirsiche und Kirschen auch noch befriedigende Ergebnisse brachten, aber die sonstigen Fruchtbäume sich als unrentabel und auch nicht so dekorativ herausstellten.

Entsprechend waren drei Viertel der mehr als tausend von ihm kultivierten Töpfe mit Apfelsorten bepflanzt, die Hälfte allein mit dem besonders geeigneten Weißen Winter-Kalvill. Für den eventuell Interessierten wird aus dem langjährigen Erfahrungsschatz von Kunert detailliert beschrieben, was man bei der Anzucht, der Wahl der Unterlagen bis hin zum Wurzelschnitt und den sonstigen Kulturbedingungen beachten muss. Einen großen Umfang nehmen schließlich noch aus langer Praxis gewonnene Sortenempfehlungen ein, gegliedert nach den einzelnen Obstarten.

Im Laufe einiger weniger Jahre baute Friedrich Kunert seinen Topfobstbestand sehr stark aus, den er dann während des Sommers zu kleinen Schmuckgruppen auf den Terrassen gruppierte und ebenso für Ausstellungen zur Verfügung stellte. Davon sind sehr anschauliche Abbildungen überliefert.

Leider ist diese attraktive Kultur wohl schon kurz nach dem ersten Weltkrieg dem Kosten- und Personalaufwand zum Opfer gefallen. Und auch auf dem Klausberg zeugen von der gewaltigen Treibhausanlage nach den verschiedensten Schwierigkeiten der Nachkriegszeit nur noch die Rudimente eines einzigen Hauses von der einstigen kaiserzeitlichen Blüte.

▶ **Gerd Schurig**
Kustos Gartendenkmalpflege,
Stiftung Preußische Schlösser und Gärten Berlin-Brandenburg

▶ Obst in Scherben-Sammlung
im Schlosspark
Bad Homburg v. d. Höhe
*Foto: Staatliche Schlösser und
Gärten Hessen, Olli Heimann*

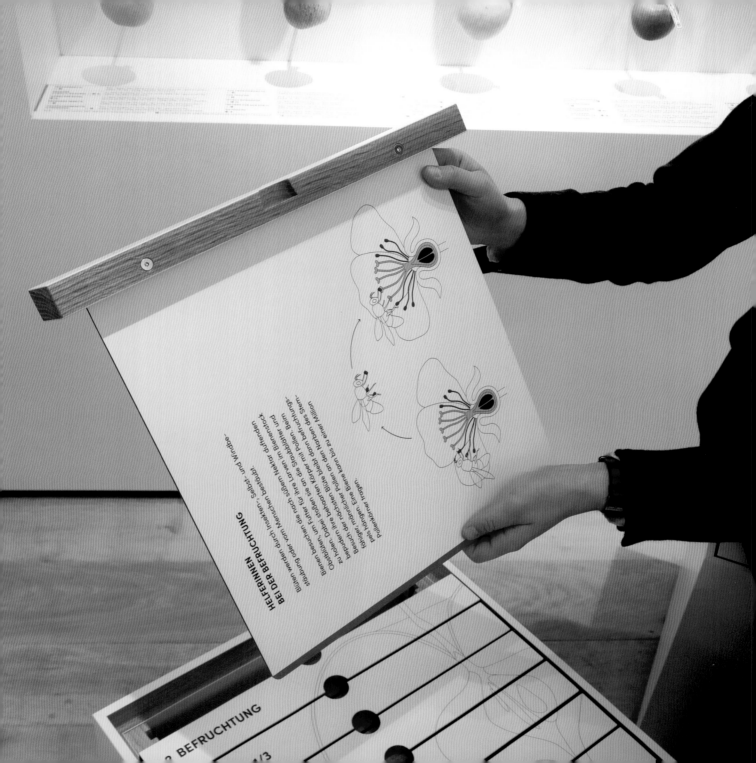

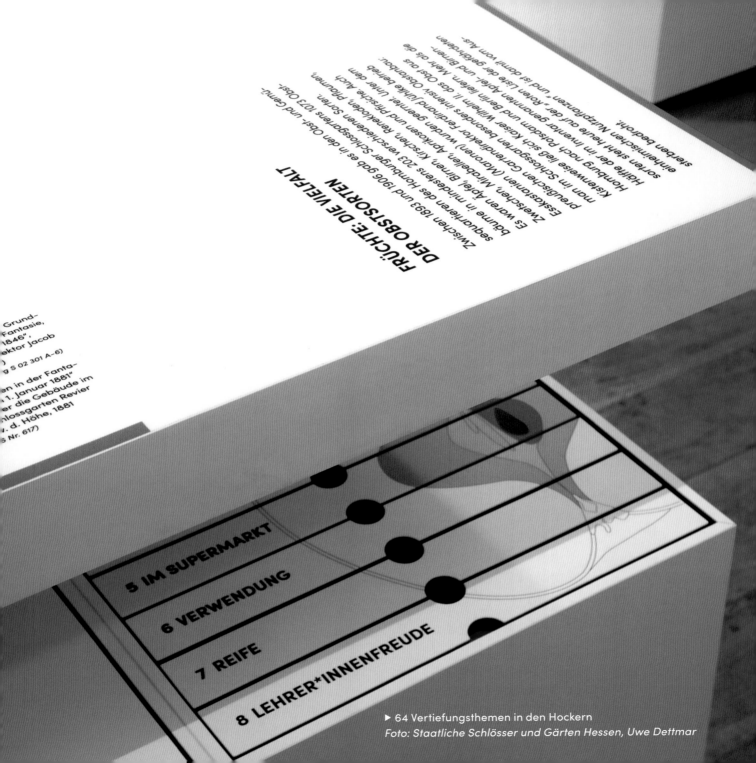

## FRÜCHTE: DIE VIELFALT DER OBSTSORTEN

Zwischen 1893 und 1906 gab es in den Obst- und Gemüse-
bäume in mindestens 203 verschiedenen Sorten.
Es waren Äpfel, Birnen, Kirschen, Aprikosen und Pfirsiche, Pflaumen,
Esskastanien, (Maronen), Mirabellen, Renekloden, intensiv Obstanbau.
preußischen Gartendirektor Ferdinand Jühlke betrieb
Homburg ließ sich Kaiser Wilhelm II. das Obst aus
man im Schlossgarten genannten Apfel- und Birnen-
sequarrieren nach Potsdam und Berlin liefern. Mehr als die
Kistenweise auf der „Roten Liste" der gefährdeten
Hälfte der im Inventar genannten Apfel- und Birnensorten steht heute auf der „Roten Liste" und ist damit vom Aus-
einheimischen Nutzpflanzen „ und ist damit vom Aussterben bedroht.

Grund-
Fantasie,
1846",
ektor Jacob
g S 02 301 A–6)

en in der Fanta-
1. Januar 1881"
r die Gebäude im
hlossgarten Revier
v. d. Höhe, 1881
s Nr. 617)

**5 IM SUPERMARKT**

**6 VERWENDUNG**

**7 REIFE**

**8 LEHRER*INNENFREUDE**

▶ 64 Vertiefungsthemen in den Hockern
*Foto: Staatliche Schlösser und Gärten Hessen, Uwe Dettmar*

# 4 POMONAS
# WELT

Hauptroute der
Seidenstraße

▶ Der Weg des Apfels
nach Europa
*Grafik: Stefka Simeonova,
STUDIO FORELL*

# DIE HERKUNFT DES APFELS

Die Heimat des Kulturapfels *(Malus domestica)* liegt in Zentral-asien im heutigen Kasachstan. Die Stadt Almaty (Alma-Ata) heißt in der kasachischen Sprache sogar „Vater der Äpfel". Von hier gelangte der Apfel in den Mägen von Tieren und durch den Menschen schon vor 5.000 Jahren nach Mitteleuropa, wo bereits seit der Steinzeit der wild vorkommende Holzapfel bekannt war. Dieser Wildapfel bildet allerdings nur saure, harte Früchte aus. Die frühesten Funde von Apfelkernen in unseren Breiten stammen aus den Pfahlbausiedlungen am Bodensee; auch bei den Kelten und Germanen spielten Äpfel als Nahrungsmittel eine große Rolle.

Hochentwickelt war die Obstkultur im antiken Griechenland: Homer berichtet um 900 v. Chr. davon. Bekannt war damals bereits das Okulieren, das Vermehren mittels eines Triebauges unter der Rinde des Wildlings.

Der römische Feldherr und Schriftsteller Marcus Porcius Cato erwähnt in seinem Werk „Über den Feldbau" *(De Agricultura)* schließlich auch das Pfropfen: das Veredeln eines wilden Obst-baumes mit einem Zweig der Edelsorte. 70 n. Chr. nennt der Verfasser der römischen Naturgeschichte *(Naturalis historia)*, Plinius der Ältere, bereits über 25 Apfel- und 41 Birnensorten. Die Römer importierten die neuen Obstsorten und Kulturtechni-ken nach Gallien und Germanien.

## KERNOBST UND STEINOBST

Apfel und Birnen gehören zum Kernobst. Kirschen, Pflaumen und Mirabellen dagegen sind Steinobst. Das Kerngehäuse von Kernobst lässt sich mit dem Messer schneiden. Der Kern des Steinobstes ist nicht teilbar.

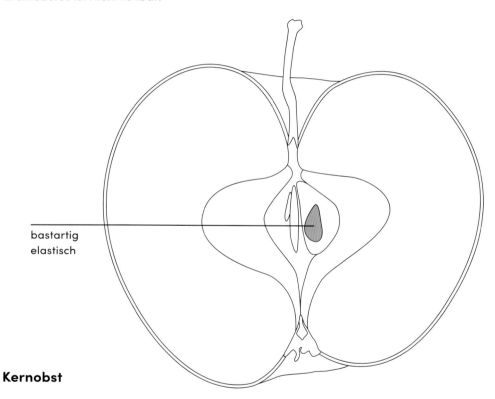

bastartig
elastisch

### Kernobst

Apfel *(Malus sylvestris)*
Birne *(Pyrus communis)*
Quitte *(Cydonia oblonga)*
Speierling *(Sorbus domestica)*
Eberesche *(Sorbus aucuparia)*
Mispel *(Mespilus germanica)*
Hagebutte *(Rosa canina)*

▶ Kern- und Steinobst im Vergleich
*Grafik: Stefka Simeonova, STUDIO FORELL*

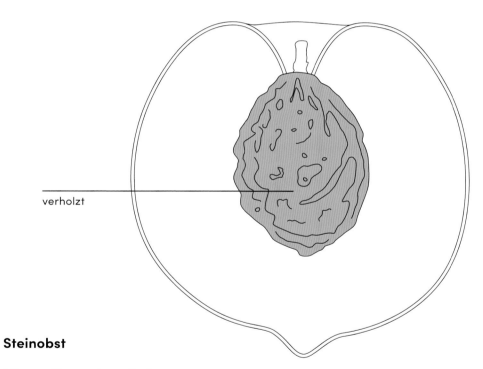

verholzt

## Steinobst

Pflaume *(Prunus domestica)*
Zwetschge *(Prunus domestica* subsp. *domestica)*
Süß- und Sauerkirsche *(Prunus avium* und *Prunus cerasus)*
Pfirsich *(Prunus persica)*
Aprikose *(Prunus armeniaca)*
Nektarine *(Prunus persica var. nucipersica)*
Mirabelle *(Prunus domestica* subsp. *Syriaca)*
Reneklode *(Prunus domestica* subsp. *Italica)*

Pflaume

Zwetschge

Reneklode

Mirabelle

## UNTERSCHIED ZWISCHEN PFLAUME UND ZWETSCHGE, MIRABELLE UND RENEKLODE

Pflaumen haben eine blaue, dunkelrote oder gelbe Fruchthaut und reifen i. d. R. vor den fast ausschließlich blauvioletten, meist oval-spitzen Zwetschgen. Das Fruchtfleisch ist bei der Zwetschge leicht vom Stein zu lösen, bei der Pflaume nicht.

Renekloden sind mittelgroß und kugelrund mit grüngelber bis rötlich schimmernder Haut und meist grünlich-weißem Fruchtfleisch, das am Stein hängt. Die gelben Mirabellen sind klein, kugelig und haben ein festes, gut steinlösendes Fruchtfleisch. Alle vier gehören zur Gattung der Pflaumen *(Prunus domestica)* und waren laut Inventar 1893–1906 in großen Mengen im Schlosspark vorhanden.

▶ Steinfrüchte im direkten Vergleich
*Fotos: shutterstock*

## ÄPFEL IM HANDEL

Der Erwerbsobstbau entstand seit etwa 1890. Seitdem fördert man besonders gut aussehende und üppig wie zuverlässig tragende Sorten. Die Sortenvielfalt ging dadurch zurück.

Seit etwa 1950 werden nur noch wenige Standard-Obstsorten im Handel angeboten: europaweit nur rund 15-20 Apfel- und fünf Birnensorten. Dem gegenüber stehen rund 25.000 einst vorhandene, historische Apfelsorten.

Das heute angebaute Obst stammt weitgehend aus Intensivkultur in Plantagen und vielfach aus anderen Kontinenten. Die Früchte werden in Kühllagern bis zu einem Jahr frischgehalten: Solange bis die neue Ernte eingebracht wird.

Doch auch alte und seltener angebaute Sorten können erworben oder sogar selber gepflückt werden. Die nebenstehende Karte stellt einige Orte in Hessen vor. Auf der Onlineplattform www.mundraub.org können weitere „essbare Landschaften" neu entdeckt werden. Sie bietet die Möglichkeit, auf einer digitalen Stadtkarte öffentliche Obstbäume und -sträucher zu markieren. So hat jede:r die Chance, Obst und Gemüse selbständig und kostenlos zu ernten.

▶ Apfelhotspots in Hessen
*Grafik: Stefka Simeonova,*
*STUDIO FORELL*

Breuna-Niederlistingen  Calden

Kassel

Staufenberg

Gießen  Lich

Hadamar

Limburg

Frankfurt-Nieder-Erlenbach

Frankfurt a. M.

Wiesbaden-Nordenstadt

Darmstadt

Fischbachtal-Niedernhausen

**Obst selber pflücken**
▶ Lich, Limburg, Staufenberg: Aktion „Gelbes Band": Auf diesen Streuobstwiesen darf man ohne Rücksprache Obst pflücken.
▶ Klemme Obstplantagen, Calden
▶ Hof Birkenhöhe, Wiesbaden-Nordenstadt

**Alte Obstsorten kaufen**
▶ Helmut Sauerland, Breuna-Niederlistingen
▶ Obsthof am Steinberg, Frankfurt-Nieder-Erlenbach
▶ Horndreher Hof, Fischbachtal-Niedernhausen
▶ POMARIA-Blühende Obstgärten, Hadamar

# FRISCHES OBST UNABHÄNGIG VON DER ERNTEZEIT

Die meisten zu erwerbenden Äpfel und Birnen werden in so genannten „CA-Lagern" frischgehalten (engl. für „controlled atmosphere"). Hier herrschen frucht- und sortenspezifische Bedingungen, die den Alterungsprozess verlangsamen und eine maximale Haltbarkeit ermöglichen: niedrige Temperatur (–1 bis 6 °C), hohe Luftfeuchtigkeit (meist 92 %), niedriger Sauerstoffgehalt (meist 2 bis 3 %) und erhöhter Kohlenstoffdioxidgehalt (2 bis 5 %). Auch die MCP-Konservierung ist üblich: Hierbei werden die Früchte mit einer Methyl-Cyclopropen-Verbindung („SmartFresh") begast.

Das „künstliche Koma" tut jedoch weder Geschmack noch Inhalt gut: Schon nach zwei bis drei Monaten kann sich der Vitamin-C-Gehalt um bis zu 80 % reduzieren. Außerdem verliert die Frucht an Aroma und Feuchtigkeit. Obst und Gemüse also lieber zur passenden Erntesaison kaufen.

| OBST | JAN | FEB | MÄR | APR | MAI | JUN | JUL | AUG | SEP | OKT | NOV | DEZ |
|------|-----|-----|-----|-----|-----|-----|-----|-----|-----|-----|-----|-----|
| Apfel | Lager | Lager | Lager | Lager | Lager | | | frisch | frisch | frisch | frisch | Lager |
| Aprikose | | | | | | | frisch | frisch | | | | |
| Birne | | | | | | | | frisch | frisch | frisch | Lager | Lager |
| Mirabellen | | | | | | | frisch | frisch | | | | |
| Pfirsiche | | | | | | | | frisch | frisch | | | |
| Pflaumen | | | | | | | frisch | frisch | frisch | | | |
| Quitten | | | | | | | | | frisch | frisch | frisch | |
| Sauerkirschen | | | | | | | frisch | frisch | | | | |
| Süßkirschen | | | | | | frisch | frisch | frisch | | | | |
| Zwetschgen | | | | | | | frisch | frisch | frisch | frisch | | |

▶ Saisonkalender
*Grafik: Stefka Simeonova,*
*STUDIO FORELL*

frisch aus heimischem Anbau verfügbar

als Lagerware regional verfügbar

**Im überdurchschnittlich guten Erntejahr 2018 stammten die verzehrten Äpfel in Deutschland zu:**

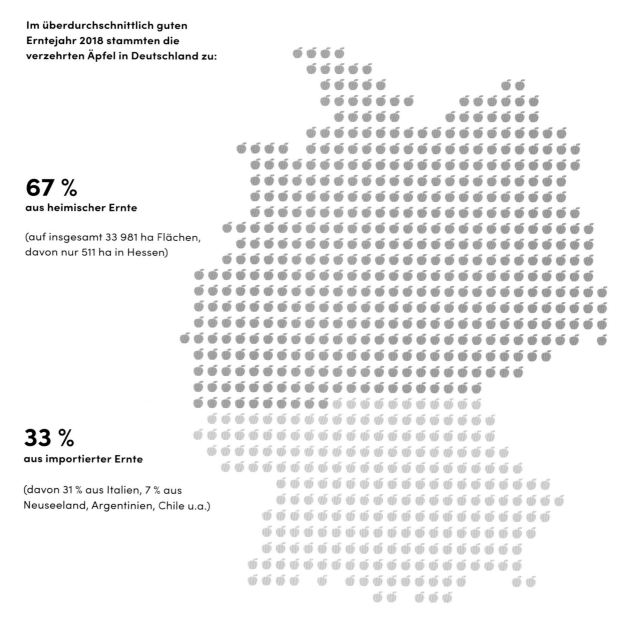

# 67 %

**aus heimischer Ernte**

(auf insgesamt 33 981 ha Flächen, davon nur 511 ha in Hessen)

# 33 %

**aus importierter Ernte**

(davon 31 % aus Italien, 7 % aus Neuseeland, Argentinien, Chile u.a.)

▶ *Quelle: Statistisches Bundesamt, Destatis, 2020*
*Grafik: Stefka Simeonova, STUDIO FORELL*

## VERZEHRTE ÄPFEL UND IHRE HERKUNFT

Im Berichtsjahr 2018/19 betrug der Pro-Kopf-Verbrauch von Äpfeln in Deutschland durchschnittlich rund 25,5 Kilogramm. Damit zählt der Apfel zur beliebtesten Obstsorte unter deutschen Verbrauchern.

*Quelle: https://de.statista.com, 30.08.2020*

**1 200 000 to**
**aus heimischer Ernte**

**658 000 to**
**aus importierter Ernte**

**67 000 to**
**Apfelexporte**

**634 ha**
**Mirabellen / Renekloden**

# 1 886 ha
**Sauerkirschen**

# 2 145 ha
**Birnen**

# 4 196 ha
**Pflaumen / Zwetschgen**

# 6 054 ha
**Süßkirschen**

## ANBAUREGIONEN IN DEUTSCHLAND

In Deutschland wird aktuell auf 48.881 ha Land Obst angebaut (1,4 % der Gesamtfläche von 3.570.200 ha). Die wichtigsten Anbauregionen für Äpfel in Deutschland sind das Alte Land in Niedersachsen, der Bodenseeraum in Baden-Württemberg sowie die Voreifel und das Vorgebirge in Nordrhein-Westfalen/Rheinland-Pfalz. Über 7.100 landwirtschaftliche Betriebe leben vom Baumobstanbau.

# 33 966 ha

Äpfel

▸ Flächen und Erntemengen
im deutschen Marktobstbau 2019
*Quelle: Statistisches Bundesamt, Destatis, 2020*
*Grafik: Stefka Simeonova, STUDIO FORELL*

# CINQUIÉME PARTIE

## DES

# JARDINS FRUITIERS
# ET POTAGERS.

## CHAPITRE PREMIER.

*Touchant les soins qu'il faut avoir, pour éplucher les fruits, quand il y en a trop.*

## KULTUR DES APFELS

Nachdem der Kulturapfel und die Techniken des Obstbaus von den Römern über die Alpen gebracht wurden, nahm der Obstanbau bis zum Anfang des 20. Jahrhunderts stetig zu.

Bereits im Mittelalter erkannten die Grundherren die Bedeutung des Apfels für die Ernährung der Bevölkerung und förderten den Anbau. Auch die Klöster trugen zur Verbreitung bei: Sortennamen wie Klosterapfel, Kartäuser Reinette oder Kapuzinerapfel erinnern daran. In der Renaissance und Barockzeit besaßen ländliche wie herrschaftliche Gärten fast immer Obstquartiere. Berühmt waren die Obstgärten Ludwig XIV. (1638–1715). Auch Herrscher wie Friedrich der Große von Preußen oder Herzog Karl Eugen von Württemberg förderten im ausgehenden 18. Jahrhundert Obstbaumschulen, Obstplantagen und -alleen und die gärtnerische Ausbildung im Obstbau.

Allgemein etablierte sich Frankreich seit dem 16. Jahrhundert als Zentrum der Entstehung und Verbreitung neuer Sorten und Kulturtechniken. Das Jahrhundert des Obstbaus, der Pomologie, aber war das 19. Jahrhundert, in dem in großem Maß und erwerbsmäßig Obstbau betrieben, die Sortenvielfalt erheblich gesteigert und viel, insbesondere auch im deutschsprachigen Raum, zum Obstbau publiziert wurde. Erst im 20. Jahrhundert verarmte die Obstkultur durch den Fokus auf Wirtschaftlichkeit.

▶ Cinquieme partie des jardins fruitiers et potagers, Kupferstich, aus: Jean-Baptiste de La Quintinie: Instruction pour les jardins fruitiers et potagers, Paris 1690
*Herzog August Bibliothek Wolfenbüttel*

„WENN ICH WÜSSTE,
DASS MORGEN
DIE WELT UNTERGINGE,
WÜRDE ICH HEUTE
NOCH EIN APFEL-
BÄUMCHEN PFLANZEN."

UNBEKANNTER AUTOR, MARTIN
LUTHER ZUGESCHRIEBEN

▶ Obstblütenfest 2008
Foto: Staatliche Schlösser und
Gärten Hessen, Edelgard Handke

► Auswahl der historischen Apfelsorten
Foto: Staatliche Schlösser und Gärten Hessen, Alexander Paul Englert

# POMOLOGIE

Der 1758 geprägte Begriff der Pomologie beschreibt die Lehre der Obstarten und -sorten sowie ihre Bestimmung und systematische Einteilung. Im Zuge der Aufklärung trugen vor allem Pfarrer und Lehrer, darunter auch Johann Ludwig Christ aus Kronberg (1739–1813), viel zur Verbesserung des Obstbaus bei.

Im 19. Jahrhundert entstand wichtige Literatur zur Sortenkunde: etwa das achtbändige „Illustrirte Handbuch der Obstkunde" (1859–1875), hrsg. von Oberdieck / Lucas / Jahn. Allein Georg Conrad Oberdieck trug in seinen Gärten 5.000 Obstsorten zusammen. Aus Platzgründen veredelte er bis zu 100 Sorten auf einem Baum.

**Besuchenswert:**
„Pomologen-Verein" (neu gegründet 1991):
www.pomologen-verein.de

Pomologische Literatur zum Download in der Bücherei des Deutschen Gartenbaues e.V.
www.historischegaerten.de/Gartenbaubuecherei

BUND Obstsortendatenbank
www.obstsortendatenbank.de

ARCHE NOAH Obstsortensammlung
www.arche-noah.at

**Obst erleben in Hessen:**
▶ Streuobstpfad Niederlistingen
▶ MainÄppelHaus Streuobstzentrum am Lohrberg, Frankfurt-Seckbach

# Verſuch

einer

## ſyſtematiſchen Beſchreibung

in Deütſchland vorhandener

# Kernobſtſorten

von

## Dr. Aug. Fried. Adr. Diel

Fürſtlich Oranien-Naſſauiſchem Hofrath, Stadtphyſicus
in Dietz an der Lahn, und Brunnenarzt zu Ems.

## Erſtes Heft Aepfel

## Frankfurt am Main

in der Andreaiſchen Buchhandlung
1 7 9 9

▶ Zu den Hauptwerken der
Pomologie gehören die 28 Bände
von August Friedrich Adrian Diels
„Kernobstsorten".
*Deutsche Gartenbaubibliothek e.V.*

„…VON EINEM SO AUSGESUCHTEN
WEINGESCHMACK, DASS MAN ANANAS
ZU ESSEN GLAUBT, ODER ERDBEEREN,
DIE MIT CHAMPAGNER ANGEMACHT SIND."
JOHANN PROKOP MAYER 1801 ÜBER DIE CHAMPAGNERRENETTE

ÄPFEL AUS UNTERSCHIEDLICHEN
HOLZARTEN

AKTUELLE APFEL- UND BIRNENSORTEN
(MALUS DOMESTICA / PYRUS COMMUNIS)

„WENN ICH WÜSS
DIE WELT UNTERG
NOCH EIN APFELB
UNBEKANNTER AUTOR, MA

HISTORISCHE BIRNE
(PYRUS COMMUNIS)

OBSTBÄUME IM
HERRSCHAFTLICHEN OBSTGARTEN

2 KULTURGESCHICHTE

3 NAMEN 1/2

4 NAMEN 2/2

5 SYNONYME

6 LOKALSORTEN

7 MARKTSORTEN

8 STATISTIK

2 BEFRUCHTUNG

3 MODELL 1/3

4 MODELL 2/3

5 MODELL 3/3

6 LECKER!

7 GESUND

8 FASTFOOD

## GÄNGIGE HANDELSSORTEN

**'Braeburn'** wurde 1992 von O. Moran aus Waiwhero (Neusee-land) in einer Hecke am Wegesrand entdeckt. Seit Anfang der 1990er Jahre baute man die Sorte ausgehend von der neusee-ländischen Baumschule Williams Brothers in Braeburn kom-merziell für den Export an. 'Braeburn' war zusammen mit 'Gala' und 'Fuji' eine der ersten zweifarbigen Apfelsorten, die nach jahrzehntelanger Dominanz einfarbiger Äpfel ('Red Delicious', 'Golden Delicious', 'Granny Smith') auf dem Weltmarkt Erfolg fanden.

**'Elstar'** wurde 1955 als Kreuzung von 'Golden Delicious' × 'Ingrid Marie' (Tochter von 'Cox Orange') gezüchtet und ist seit 1972 im Handel. Der Name leitet sich vom Versuchsbetrieb Elst des Obstzüchtungsinstituts Wageningen, Niederlande, ab.

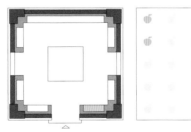

Grundriss

AKTUELLE SORTEN
Verortung der Sorten 'Braeburn' und 'Elstar'

▶ Blick in die Dauerausstellung
*Foto: Staatliche Schlösser und Gärten Hessen, Uwe Dettmar*

▶ Elstar
Foto: Staatliche Schlösser und Gärten Hessen, Alexander Paul Englert

| BRAEBURN 🍎 | 1952 \| Neuseeland \| Ernte: Ende Okt. \|<br>haltbar bis April \| komplex herb-süß |
|---|---|
| ELSTAR 🍎 | 1955, seit 1972 im Handel \| Niederlande \| Ernte: Sept./Okt. \|<br>haltbar bis März \| kräftig süßlich-feinsäuerlich |
| FUJI 🍎 | 1939 \| Japan \| Ernte: Okt./Nov. \|<br>haltbar bis Juli \| sehr süß, feine Säure, aromatisch |
| GLOSTER 🍎 | 1951, seit 1969 im Handel \| Altes Land (D) \| Ernte: Sept./Okt. \|<br>haltbar bis Ende Mai \| saftig, mild mit feinfruchtiger Säure |
| GOLDEN DELICIOUS 🍎 | um 1890, seit 1916 im Handel \| West Virginia (USA) \| Ernte: Sept./Okt. \|<br>haltbar bis Juni \| süßaromatisch, anisartig, oft wässrig-fad |
| GRANNY SMITH 🍎 | 1868, seit 1950 im Handel \| Nähe Sydney (AU) \| Ernte: Okt./Nov. \|<br>haltbar bis März \| feinsäuerlich |
| IDARED 🍎 | 1935, seit 1942 im Handel \| Idaho (USA) \| Ernte: Okt. \|<br>haltbar bis Juni/Juli \| feinsäuerlich, schwaches Aroma |
| JONAGOLD 🍎 | 1943, seit 1968 im Handel \| New York (USA) \| Ernte: Sept./Okt. \|<br>haltbar bis Mai/Juni \| süßfruchtig-feinsäuerlich |
| PINK LADY ® 🍎 | 1973, seit 1986 als 'Cripps Pink' im Handel, seit 2016 als Marke geschützt \| Stoneville (AU) \| Ernte: Nov. \| haltbar bis Mai \| süß, mild |
| ROYAL GALA 🍎 | 1934, seit 1965 im Handel \| Greytown (NZ) \| Ernte: Anfang bis Ende Sept. \| haltbar bis Juni \| saftig, aromatisch süß |
| ABBÉ FÉTEL (ABATE FETEL) 🍐 | 1866 \| Chessy-les-Mines (F) \| Ernte: Sept. \|<br>haltbar bis Feb. \| süß, säurearm, feinaromatisch |
| CONFÉRENCE (KONFERENZBIRNE) 🍐 | 1885 \| Sawbridgeworth (GB) \| Ernte: Sept./Okt. \|<br>haltbar bis April \| süß, leicht gewürzt, weichschmelzend |
| COSCIA 🍐 | 20. Jh. \| Italien \| Ernte: Juli/Aug. \|<br>haltbar bis Okt. \| süß, leicht duftend, saftig |
| PACKHAMS 🍐 | um 1896 \| New South Wales (AU) \| Ernte: Okt. \|<br>haltbar bis Jan. \| saftig schmelzend, süßlich muskatartig |
| ROCHA (PÊRA ROCHA DO OESTE) 🍐 | 1836 \| Sintra (PT) \| Ernte: Mitte Aug. \|<br>haltbar bis April \| saftig, süß |

Marktsorten, im Handel zu erwerben, kein Nachweis im Schlossgarten: 🍎 Apfelsorte  🍐 Birnensorte
Entdeckung/Ersterwähnung/Vermarktung \| Herkunft \| Erntezeit \| Haltbarkeit im CA-Lager \| Geschmack

| | | | |
|---|---|---|---|
| **Frühe**<br>s Trévoux<br>August | **Clapps**<br>**Liebling**<br>Aug.-Sept. | **James Grievo**<br>Sept.-Okt. | **Apfe**<br>aus Cror<br>Sept.-N |
| **Köstliche**<br>v. Charneu<br>Okt.-Nov. | **Alexander**<br>**Lucas**<br>Nov.-Dez. | **Geheimrat**<br>**Oldenburg**<br>Nov.-Jan. | **Cox' Ora**<br>**Renet**<br>Nov.-Mär |
| **Gräfin**<br>**v. Paris**<br>Dez.-Jan. | **Laxtons**<br>**Superb**<br>Dez.-März | **Zuccalmaglio**<br>Dez.-März | **Schön**<br>aus Bosk<br>Dez.-Ap |
| | **Freiherr**<br>**v. Berlepsch**<br>Jan.-Mai | | |

## NAMENSGEBER

Der **'Gravensteiner'** wurde erstmals 1669 erwähnt. Er ist entweder auf Schloss Graefenstein in Nordschleswig entstanden, kam aus Südtirol unter dem Namen „Ville Blanc" nach Schleswig oder wurde vom Bruder des Grafen Christian Ahlefeld als Reiser aus Italien nach Schloss Graasten geschickt. Sicher jedoch ist eine Verbreitung von Gravenstein, Schleswig-Holstein.

Die Sorte **'Zuccalmaglio'** wurde 1878 von Diedrich Uhlhorn jun. aus Grevenbroich, Deutschland gezüchtet (Kreuzung aus 'Ananasrenette' und 'Purpurroter Agatapfel'). Sie ist benannt nach Justizrat Vinzenz Jakob von Zuccalmaglio (gen. Montanus, 1806–1876), einem deutschen Schriftsteller und Dichter: Er war Uhlhorns Schwiegervater.

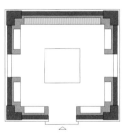

Grundriss

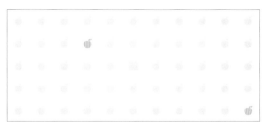

HISTORISCHE KULTURAPFELSORTEN
Verortung der Sorten 'Gravensteiner' und 'Zuccalmaglio'

▶ Historische Apfel- und Birnensortenschilder, Keramik, um 1900, Herkunft Eifel
*Staatliche Schlösser und Gärten Hessen,*
*Katharina Saul/Nora Möritz*

3.

*Tab. LXXXIV.*

*Président d'Espagne.* *Spanischer Præsident.*

*variété.* *Spielart.*

116. *Nov. Dez.*

## ADELIGE NAMENSGEBER

**'Kaiser Alexander'** ist benannt nach Zar Alexander I. von Russland und wurde ab 1830 von Wilhelm Walker, Gärtner an der Königlich Württembergischen Land- und Forstwirtschaftlichen Lehranstalt in Hohenheim, vermehrt.

Die Sorte **'Kaiser Wilhelm'** wurde 1864 in einem Garten bei Solingen gefunden. Sie war vermutlich ein Sämling von 'Harberts Renette'. Kaiser Wilhelm I. von Preußen probierte den Apfel 1875 und befand ihn gut schmeckend genug, um seinen Namen zu tragen. In seiner Sommerresidenz Bad Homburg liegt die Sorte auf der Speisetafel im Königsflügel.

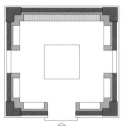

Grundriss

HISTORISCHE KULTURAPFELSORTEN
Verortung der Sorten 'Kaiser Alexander' und 'Kaiser Wilhelm'

▶ Birnensorte 'Spanischer Präsident', aus: Johann Prokop Mayer: Pomona Franconica, Bd. 3, Nürnberg 1801

3.

*Martin – sec.*
*Trockene Martinsbirn.*
*bis Febr.*

119.

# FAST VERGESSENE SORTEN

Der Apfel **'Roter Bellefleur'** (Ersterwähnung 1760) wurde in der Baumschule Moerbeck in Haarlem und in der Region Limburg (NL/B) kultiviert. Er wird auch 'Siebenschläfer' genannt aufgrund seiner späten Blüte. 'Pfingstapfel' heißt er aufgrund seiner Lagerfähigkeit bis zum April/Mai.

Die Birne **'Stuttgarter Geißhirtle'** soll um 1750 in der Nähe von Stuttgart von einem Ziegenhirten gefunden worden sein. Sie wurde 1795 erstmals erwähnt und von Stuttgarter Hofgärtnern verbreitet.

Der Name der französischen Birne **'Trockener Martin'** bezieht sich auf die Reifezeit um den Martinstag (11. Nov.) sowie das harte und trockene Fruchtfleisch.

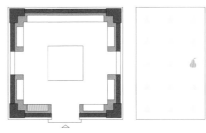

Grundriss

HISTORISCHE BIRNENSORTEN UND QUITTE
Verortung der Sorte 'Trockener Martin'

▶ Birnensorte
'Trockene Martinsbirn', aus:
Johann Prokop Mayer: Pomona
Franconica, Bd. 3, Nürnberg 1801

▷ Ananasrenette

*Foto: Staatliche Schlösser und Gärten Hessen, Alexander Paul Englert*

**ANANASRENETTE** 🍎 | 1826 | Region Köln / Niederlande | Ernte: Mitte Okt. | genussreif Nov. | haltbar bis Feb. | saftig, intensiver Ananasduft

**ANHALTER (CHRIST'S WILDLING)** 🍎 ◉ | vor 1800 | Kronberg am Taunus | Ernte: Mitte Okt. | genussreif Okt. | haltbar bis März | mild-herb

**AUSBACHER ROTER** 🍎 ◉ | um 1870 | Hohenroda, LK Hersfeld-Rotenburg | Ernte: Sept. | genussreif Okt. | haltbar bis März | mäßig saftig, schwach säuerlich

**BAUMANNS RENETTE** 🍎 | 1811 | Elsass (F) oder Mechelen (B) | Ernte: Okt. | genussreif Dez. | haltbar bis April | saftig, süßsäuerlich, schwach aromatisch

**CHAMPAGNERRENETTE (LOSKRIEGER)** 🍎 | 1774 | Champagne (F) | Ernte: Mitte Okt. | genussreif Dez. | haltbar bis Juli I saftig, weinsäuerlich, wenig gewürzt, erfrischend

**COX ORANGENRENETTE** 🍎 | um 1830 | Colnbrook (GB) | Ernte: Sept. | genussreif Okt. | haltbar bis März | abknackend, saftig, feinsäuerlich-süß, orangenartig

**COX POMONA** 🍎 | 19. Jh. | Colnbrook (GB) | Ernte: Sept. | genussreif Okt. | haltbar bis Jan. | sehr saftig, vorherrschende, milde Säure, wenig edel

**DITZELS ROSENAPFEL** 🍎 ◉ | um 1890 | Eckartshausen, LK Büdingen (D) | Ernte: Mitte Okt. | genussreif Dez. | haltbar bis März | saftig, etwas weinsäuerlich

**FREIHERR VON BERLEPSCH** 🍎 | 1880 | Deutschland | Ernte: Sept./Okt. | genussreif Anfang Jan. | haltbar bis März | sehr saftig, erfrischend, sehr kräftig gewürzt

**GACKSAPFEL** 🍎 ◉ | um 1870 | Region Aßlar, Dilltal | Ernte: Sept./Okt. | genussreif Nov. | haltbar bis April | sehr saftig, vorherrschende Säure

**GELBER BELLEFLEUR** 🍎 | um 1750 | New Jersey (USA) | Ernte: Sept. | genussreif Nov. | haltbar bis März | angenehm renettenartig, an Bananen erinnernd

**GELBER EDELAPFEL (GELBER WACHSAPFEL)** 🍎 | um 1800 | Downham (GB) | Ernte: Mitte Sept. | genussreif Sept./Okt. | haltbar bis Jan. | saftig, zart aromatisch, erfrischend

**GESTREIFTER MATAPFEL (BERLINER SCHAFSNASE)** 🍎 ◉ | 1869 | Hessen-Nassau | Ernte: Sept./Okt. | genussreif Nov. | haltbar bis Feb. | sehr saftig, säuerlich

**GOLDRENETTE AUS BLENHEIM** 🍎 | um 1740 | Nähe Schloss Blenheim (GB) | Ernte: Mitte Okt. | genussreif Nov. | haltbar bis März | saftig, süßsauer, edel, nussartig

**GRAHAMS JUBILÄUMSAPFEL** 🍎 | 1893 | Hounslow (GB) | Ernte: Mitte Sept. | genussreif Ende Sept. | haltbar bis Ende Okt. | saftig, feine Säure, wenig süß

---

Sorte | Entdeckung/Ersterwähnung | Herkunft | Erntezeit | Genussreife | Haltbarkeit im Frischluftlager | Geschmack

🍎 aut Inventar 1893–1906 einst im Schlossgarten vorhanden ◉ Hessische Lokalsorte

🍎 auf der „Roten Liste der gefährdeten einheimischen Nutzpflanzen in Deutschland"

| **GRAUE FRANZÖSISCHE RENETTE** | 12. Jh. (1608) | Morimond (F) | Ernte: Sept. | genussreif Jan. | haltbar bis Mai | saftig, renettenartig gewürzt, moschusartig duftend |

| **GRAVENSTEINER** | 1669 | Gravenstein, Schleswig-Holstein | Ernte: Sept. | genussreif Okt. | haltbar bis Dez. | sehr saftig, kräftig duftend, edel gewürzt |

| **HEUCHELHEIMER SCHNEEAPFEL** | 19. Jh. | Heuchelheim, LK Gießen | Ernte: Sept./Okt. | sofort genussreif | haltbar bis April | saftig, leicht säuerlich, schwach duftend |

| **HOFHEIMER GLANZRENETTE** | 19. Jh. | Hofheim am Taunus | Ernte: Sept./Okt. | genussreif Dez. | haltbar bis März | renettenartig gewürzt, leicht parfümiert |

| **JONATHAN** | 1826 | New York (USA) | Ernte: Sept. | genussreif Dez. | haltbar bis April | mäßig saftig, wenig Aroma, feinsäuerlich |

| **KAISER ALEXANDER** | 1817 | Ukraine/Russland | Name nach Zar Alexander I. | Ernte: Okt. | sofort genussreif | haltbar bis Nov. | süßweinig, saftig, himbeerartig |

| **KAISER WILHELM** | 1864 | Solingen | benannt nach Kaiser Wilhelm I. | Ernte: Sept./Okt. | genussreif Dez. | haltbar bis März | saftig, gewürzt |

| **KALBFLEISCHAPFEL** | 1914 | Region Offenbach und Dieburg | Ernte: Sept./Okt. | genussreif Okt. | haltbar bis Jan./Feb. I saftig, ausgeglichen süß-sauer |

| **KANADARENETTE** | 1771 | Großbritannien | Ernte: Okt. | genussreif Dez. | haltbar bis Mai | schwammig, saftig, gewürzt, kräftige Säure |

| **KLOPPENHEIMER STREIFLING** | 1854 | Region Wiesbaden | Ernte: Okt. | genussreif Nov. | haltbar bis März | saftig, angenehme Säure, später süßlich-herb |

| **KÖNIGLICHER KURZSTIEL** | 1565 | Niederlande/Frankreich | Ernte: Ende Okt. | genussreif Dez. | haltbar bis April | wenig saftig, gewürzt, säuerlich-süß |

| **LANDSBERGER RENETTE** | 1860 | Landsberg an der Warte (PL) | Ernte: Mitte Okt. | genussreif Ende Okt. | haltbar bis Feb. | säuerlich-süß, zart aromatisch |

| **WASSERSPEIER IN FORM EINES DRACHENKOPFES** | Befund am Teehaus Bad Homburg, Zinkblech, 1952 gesichert (Staatliche Schlösser und Gärten Hessen) |

| **METZRENETTE** | Ende des 18. Jh. | Nordhessen | Ernte: Anfang/Mitte Okt. | genussreif Dez. | haltbar bis März | saftig, renettenartig gewürzt, edel |

| **MORGENDUFT** | um 1820 | Ohio (USA) | Ernte: Ende Okt. | genussreif Dez. | haltbar bis Juni | zuerst saftig, dann mürbe, leicht süß, fad |

Sorte | Entdeckung/Ersterwähnung | Herkunft | Erntezeit | Genussreife | Haltbarkeit im Frischluftlager | Geschmack

aut Inventar 1893–1906 einst im Schlossgarten vorhanden ⬤ Hessische Lokalsorte

auf der „Roten Liste der gefährdeten einheimischen Nutzpflanzen in Deutschland"

| Sorte | Entdeckung/Ersterwähnung \| Herkunft \| Erntezeit \| Genussreife \| Haltbarkeit im Frischluftlager \| Geschmack |
|---|---|
| **PEASGOODS SONDERGLEICHEN** | 1872 \| Großbritannien \| Ernte: Okt. \| genussreif Nov. \| haltbar bis Feb. \| saftig, würzig, weinsäuerlich |
| **PRINZENAPFEL (HASENKOPP)** | 1739 \| Franken \| Ernte: Ende Sept. \| genussreif Okt. \| haltbar bis Jan. \| saftig, säuerlich-süß |
| **PURPURROTER COUSINOT** | 1759 \| Region Bamberg/Nürnberg \| Ernte: Okt. \| genussreif Dez. \| haltbar bis Mai \| sehr saftig, süß-weinsäuerlich |
| **RHEINISCHE SCHAFSNASE** | um 1600 \| Rheinland/Hessen \| Ernte: Ende Sept. \| genussreif Nov. \| haltbar bis Feb. \| mäßig saftig, etwas säuerlich, schwach gewürzt |
| **RIESENBOIKENAPFEL** | vor 1900 \| Region Niederelbe \| Ernte: Mitte Okt. \| genussreif Nov. \| haltbar bis Feb. \| schwach süß-säuerlich |
| **ROTE STERNRENETTE** | 1830 \| Region Maastricht (NL) \| Ernte: Anfang Sept. \| genussreif Okt. \| haltbar bis Jan. \| mäßig saftig, ausgeglichen süß-sauer, aromatisch |
| **ROTER ASTRACHAN** | 1780 \| Wolgagebiet (RUS) \| Ernte: Ende Juli \| sofort genussreif \| haltbar bis Mitte Aug. \| ziemlich mürbe, saftig, schwach gewürzt |
| **ROTER BELLEFLEUR** | 1760 \| Haarlem (NL)/Region Limburg (B) \| Ernte: Mitte Okt. \| genussreif Dez. \| haltbar bis April/Mai \| süßlich-würzig, mäßig saftig |
| **ROTER STETTINER** | 1596 \| Region Rochlitz, Sachsen \| Ernte: Mitte Okt. \| genussreif Jan. \| haltbar bis Juni \| saftig, wenig gewürzt, ziemlich süß |
| **ROTER TRIERSCHER WEINAPFEL** | 1872 \| Region Trier \| Ernte: Nov./Dez. \| genussreif Dez. \| haltbar bis April \| sehr saftreich, zuerst sauer, später süßlich |
| **RUHM AUS KELSTERBACH** | 19. Jh. \| Kelsterbach, LK Groß-Gerau \| Ernte: Okt. \| genussreif Dez. \| haltbar bis März \| sehr saftig, süß bis leicht säuerlich, aromatisch |
| **SCHIEBLERS TAUBENAPFEL** | Anfang 18. Jh. \| Celle, Niedersachsen \| Ernte: Mitte Okt. \| genussreif Dez. \| haltbar bis Feb. \| saftig, süß-säuerlich |
| **SCHÖNER VON NORDHAUSEN** | um 1820 \| Nordhausen, Harz \| Ernte: Mitte Okt. \| genussreif Jan. \| haltbar bis April \| saftig, angenehm gewürzt |
| **SCHÖNER VON BOSKOOP** | 1856 \| Booskop (NL) \| Ernte: Sept./Okt. \| genussreif Dez. \| haltbar bis April \| saftig, weinsäuerlich, renettenartig gewürzt, erfrischend |
| **SPITZRABAU** | 1857 \| Odenwald, LK Bergstraße \| Ernte: Sept./Okt. \| genussreif Okt./Nov. \| haltbar bis März \| süß-säuerlich, ohne besonderes Aroma |

Sorte | Entdeckung/Ersterwähnung | Herkunft | Erntezeit | Genussreife | Haltbarkeit im Frischluftlager | Geschmack

aut Inventar 1893–1906 einst im Schlossgarten vorhanden ● Hessische Lokalsorte

auf der „Roten Liste der gefährdeten einheimischen Nutzpflanzen in Deutschland"

| **STEINPEPPING** | unbekannt \| Großbritannien \| Ernte: Dez. \| genussreif Jan. \| haltbar bis Mai \| zart, saftig, angenehm gewürzt |
|---|---|
| **VATERAPFEL OHNE STIELNASE** | 1794 \| Region südwestlich Kassel \| Ernte: Okt. \| sofort genussreif \| haltbar bis Dez./Jan. \| säurearm, aromatisch gewürzt |
| **VATERAPFEL MIT STIELNASE** | Eine Stielnase ist eine fleischige Verdickung der Stielgrube, die den Stiel zur Seite drückt (ggf. sortentypisches Merkmal) |
| **WEILBURGER** | 1799 \| Region Weilburg/Lahn \| Ernte: Mitte Okt. \| genussreif Ende Dez. \| haltbar bis Juni \| vorherrschende Säure, gewürzt |
| **WEIßER ROSMARIN** | 1798 \| Region Bozen (I) \| Ernte: Okt. \| genussreif Nov. \| haltbar bis Feb. \| saftig, edel melonenartig gewürzt |
| **WEIßER WINTERKALVILL** | 1598 \| Frankreich \| Ernte: Mitte Okt. \| genussreif Dez. \| haltbar bis Ende März \| sehr saftig, edel gewürzt, ausgeprägtes Erdbeeraroma |
| **WEIßER WINTERTAFFETAPFEL** | 1797 \| Herkunft unbekannt \| Ernte: Mitte Okt. \| genussreif Dez. \| haltbar bis März \| saftig, angenehm säuerlich, eigentümlich parfümiert |
| **WETTRINGER TAUBENAPFEL** | um 1900 \| Wettringen, LK Ansbach \| Ernte: Okt. \| genussreif ab Okt. \| haltbar bis Dez. \| süß-säuerlich, saftig, schwache Würze |
| **WINTER-GOLDPARMÄNE** | 1791 (1510) \| Normandie (F) \| Ernte: Sept. \| genussreif Okt. \| haltbar bis Jan. \| knackig, saftig, oft nussartig gewürzt, kräftig duftend |
| **ZUCCALMAGLIOS RENETTE** | 1878 \| Grevenbroich, Rhein-Kreis Neuss \| Ernte: Okt./Nov. \| genussreif Nov. \| haltbar bis März \| viele Kerne, saftig, feinaromatisch |

Sorte | Entdeckung/Ersterwähnung | Herkunft | Erntezeit | Genussreife | Haltbarkeit im Frischluftlager | Geschmack

🍎 laut Inventar 1893–1906 einst im Schlossgarten vorhanden      ⦿ Hessische Lokalsorte

🍎 auf der „Roten Liste der gefährdeten einheimischen Nutzpflanzen in Deutschland"

► Hessische Lokalsorte 'Hofheimer Glanzrenette'
*Foto: Staatliche Schlösser und Gärten Hessen, Uwe Dettmar*

Gellerts
Butterbirne.

# BIRNEN

Der Name *Pyrus* für Birne spielt möglicherweise auf das häufig leuchtendrote Herbstlaub der Birnbäume (griech. „Pyro" für „Feuer") an oder kommt von „pyramidal" wegen der schlanken Kronenform der Bäume.

'Gellerts Butterbirne' heißt auch 'Beurré Hardy': Sie wurde um 1820 von einem Herrn Bonnet im französischen Boulogne-sur-Mer als Zufallssämling entdeckt. Die Baumschule Jamin in Boug-la-Reine kultivierte sie seit 1830 unter dem Namen 'Hardy' – benannt nach dem damaligen Direktor des Jardin du Luxembourg in Paris. Der bedeutende deutsche Pomologe Johann Georg Conrad Oberdieck (1794–1880) bezog 1838 Reiser der Sorte von Prof. van Mons aus Löwen (Belgien) und benannte sie fälschlicherweise nach dem deutschen Dichter und Philosophen Christian Fürchtegott Gellert (1715–1769).

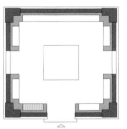

Grundriss

HISTORISCHE BIRNENSORTEN UND QUITTE
Verortung der Sorte 'Gellerts Butterbirne'

▶ 'Gellerts Butterbirne' aus: Müller-Diemitz; Bissmann-Gotha u.a.: Deutschlands Obstsorten, Stuttgart 1905–1930

▶ Gute Graue
Foto: Staatliche Schlösser und Gärten Hessen, Uwe Dettmar

| | |
|---|---|
| **AMANLIS BUTTERBIRNE** | 1841 \| Rennes (F) \| Ernte: Anf. Sept. \| genussreif Mitte Sept. \| 8–10 Tage haltbar \| angenehm gewürzt, schwach säuerlich |
| **BESTEBIRNE** | 1531 \| Schweiz oder Elsaß \| Ernte: Sept. \| genussreif Sept. \| eigenartig zuckrig, feinsäuerlicher Muskatellergeschmack |
| **CLAPP'S LIEBLING** | um 1860 \| Massachusetts (USA) \| Ernte: Aug./Sept. \| genussreif nach 8–10 Tagen \| 20 Tage haltbar \| saftreich, schmelzend, süß, angenehm gewürzt |
| **DYCKER SCHMALZBIRNE** | um 1790 \| Schloss Dyck, Niederrhein \| Ernte: Aug.–Okt. \| genussreif nach 8–14 Tagen \| 14 Tage haltbar \| sehr saftreich, süß, gewürzt, kräftiger Geruch |
| **FORELLENBIRNE (HERBSTFORELLE)** | 1806 (1670) \| Frankreich \| Ernte: Anfang Okt. \| genussreif Nov. \| haltbar bis Jan. \| angenehm süßsäuerlich, melonenartiges Aroma |
| **FRÜHE VON TRÉVOUX** | 1862 \| Trévoux, Lyon (F) \| Ernte: Aug. \| wenige Tage nach dem Pflücken genussreif \| 14 Tage haltbar \| feinfruchtig, gewürzt, aromatisch |
| **GELLERTS BUTTERBIRNE (BEURRÉ HARDY)** | um 1820 \| Boulogne-sur-mer (F) \| Ernte: Sept./Okt. \| genussreif Okt. \| haltbar bis Ende Okt. \| sehr saftreich, erfrischend weinig, süß |
| **GUTE GRAUE** | vor 1675 \| Frankreich (?) \| Ernte: Aug./Sept. \| wenige Tage nach dem Pflücken genussreif \| gering haltbar \| saftreich, schmelzend, zimtartig gewürzt |
| **HONIGBIRNE** | 1531 \| Deutschland \| Ernte: Mitte Aug. \| genussreif Sept. \| 14 Tage haltbar \| süß, etwas muskattellerhaft |
| **KÖSTLICHE VON CHARNEU** | um 1800 \| Charneux (B) \| Ernte: Sept./Okt. \| genussreif Nov. \| haltbar bis Nov. \| sehr saftreich, schmelzend, sehr süß, weinig gewürzt |
| **NEUE POITEAU** | 1854 (1844) \| Mecheln (B) \| Ernte: Mitte Okt. \| genussreif Okt./Nov. \| haltbar bis Nov. \| mittelmäßig saftreich, schmelzend, weinsäuerlich, muskiert |
| **STUTTGARTER GEISSHIRTLE** | um 1750 \| Ernte: Aug./Sept. \| wenige Tage nach dem Pflücken genussreif \| 10–12 Tage haltbar \| sehr saftreich, sehr süß, zimtartig gewürzt |
| **TROCKENER MARTIN** | 1530 (F)/1672 (D) \| Ernte: Okt./Nov. \| genussreif Nov. \| haltbar bis Jan. \| angenehm, etwas parfümiert |
| **WILLIAMS CHRIST** | um 1770 \| Aldermaston (GB) \| Ernte: Aug./Sept. \| wenige Tage nach dem Pflücken genussreif \| 14 Tage haltbar \| schmelzend, aromatisch, einmalig |
| **BERECZKI BIRNENQUITTE** | 1883 \| Ungarn \| Ernte: Sept. \| nur gekocht genussreif \| kaum lagerfähig \| saftig, süßlich |

Sorte | Entdeckung/Ersterwähnung | Herkunft | Erntezeit | Genussreife | Haltbarkeit im Frischluftlager | Geschmack

laut Inventar 1893–1906 einst im Schlossgarten vorhanden

auf der „Roten Liste der gefährdeten einheimischen Nutzpflanzen in Deutschland"

CHAMPAGNER-REINETTE

Gem. v. W. Lauche.　　　　　　　　　　Verlag v. Wiegandt, Hempel & Parey in Berlin.

## SYNONYME FÜR SORTEN

Die meisten Apfel- und Birnensorten haben nicht nur einen Namen:

Die 'Champagnerrenette' etwa heißt auch 'Loskrieger', 'Reinette de Versailles', 'Glattapfel', 'Goldgranater', 'Herrenapfel', 'Jahrapfel', 'Silberapfel', 'Wachsrenette', 'Zwiebelapfel', 'Mutterapfel', 'Drei Jahre Dauernder', 'Rübenapfel', 'Weinsäuerling' oder 'Weißer Kanadaapfel'. In Hessen ist sie auch unter 'Käsapfel' bekannt.

Der 'Prinzenapfel' heißt auch 'Ananasapfel', 'Berliner', 'Falscheapfel', 'Glockenapfel' 'Haferapfel', 'Hasenkopf', 'Hasenschnäuzchen', 'Immerträger', 'Jerusalemapfel', 'Katzenkopf', 'Klapperapfel', 'Melonenapfel' oder 'Schlotterapfel'.

Mehr zu ausgewählten Exponaten auf www.TempelderPomona.de

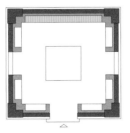

Grundriss

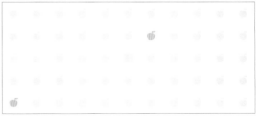

HISTORISCHE KULTURAPFELSORTEN
Verortung der Sorten 'Chamapgnerrenette' und 'Prinzenapfel'

▶ 'Champagner-Reinette', aus: Wilhelm Lauche: Deutsche Pomologie, 6 Bde., Berlin 1879–1884, S. 30
*Universitätsbibliothek Darmstadt*

# HESSISCHE LOKALSORTEN

Mit der Aktion „Hessische Lokalsorte des Jahres" leistet die Landesgruppe Hessen des „Pomologen-Vereins e.V." seit 2002/2003 einen wichtigen Beitrag zur Erhaltung des pomologischen kulturellen Erbes und der regionalen Sortenvielfalt in Hessen.

Mehr auf www.pomologen-verein.de

| JAHR | APFELSORTE | IN DER AUSSTELLUNG |
|------|------------|-------------------|
| 2021 | Hofheimer Glanzrenette | 🍎 |
| 2020 | Lippoldsberger Tiefenblüte | |
| 2019 | Kalbfleischapfel | 🍎 |
| 2018 | Ruhm aus Kelsterbach | 🍎 |
| 2017 | Hartapfel | |
| 2016 | Weilburger | 🍎 |
| 2015 | Anhalter | 🍎 |
| 2014 | Vaterapfel | 🍎 |
| 2013 | Siebenschläfer | 🍎 |
| 2012 | Spitzrabau | 🍎 |
| 2011 | Metzrenette | 🍎 |
| 2010 | Gestreifter Matapfel | 🍎 |
| 2009 | Dorheimer Streifling | |
| 2008 | Ausbacher Roter | 🍎 |
| 2007 | Kloppenheimer Streifling | 🍎 |
| 2006 | Gacksapfel | 🍎 |
| 2005 | Ditzels Rosenapfel | 🍎 |
| 2004 | Körler Edelapfel | |
| 2003 | Heuchelheimer Schneeapfel | 🍎 |

▶ Naturgetreue Apfelmodelle
*Foto: Staatliche Schlösser und Gärten Hessen, Uwe Dettmar*

1. Danziger Kantapfel. 2. Zitzen Reinette. Reinette de la Chine. 3. Der Weilburger. 4. Kröten-Rabau. Die Kröten Reinette.

## REGIONALE BESONDERHEITEN

**'Ditzels Rosenapfel'** (Ersterwähnung 1911), entstand um 1890 bei Eckartshausen, Kreis Büdingen und ist eine Selektion einer Gruppe von Sämlingen der Baumschule Seng, weiterveredelt 1901 unter dem Namen 'Köhlerwald'.

Der **'Gacksapfel'** ist ein Zufallssämling, entdeckt um 1870 in der Region Aßlar/Dilltal von Holzhauer und Landwirt Ernst Gack. Der Mutterbaum stand bis 1968/69.

Der **'Weilburger'** entstand als Zufallssämling in der Gegend um Weilburg/Lahn. Erstmals erwähnt 1799, wurde die Sorte 2009 von einem einzigen erhaltenen Baum in Hünfelden vermehrt. Sie wird u.a. im Schlossgarten Weilburg kultiviert.

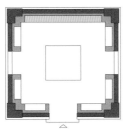

Grundriss

HISTORISCHE KULTURAPFELSORTEN
Verortung der Sorten 'Ditzels Rosenapfel', 'Gacksapfel' und 'Weilburger'

▶ Danziger Kantapfel, Zitzen-Reinette, Weilburger und Kröten-Rabau, aus: Friedrich Andreas Diel: Deutschlands Kernobstsorten, Leitmeritz 1833, Tafel II

# 5 BLÜTE UND FRUCHT

## AUFBAU DER BLÜTE

Auf dem Blütenstiel sitzt der Blütenboden und Fruchtknoten, mit dem fünf grüne, dreieckige Fruchtblätter verwachsen sind. Hier sitzt die Samenanlage mit der weiblichen Keimzelle (Eizelle). Dieser Teil der Blüte bildet später die pergamentartig miteinander verwachsenen Wände des Kerngehäuses.

Darüber sitzen die fünf weiß-rosafarbenen Kron- oder Blütenblätter, die gelben Staubblätter mit je zwei Staubbeuteln und der Griffel mit fünf Narben. Darin sitzen die männlichen Samenzellen (Pollen).

▶ Der Aufbau der Apfelblüte
*Grafik: Stefka Simeonova,*
*STUDIO FORELL*

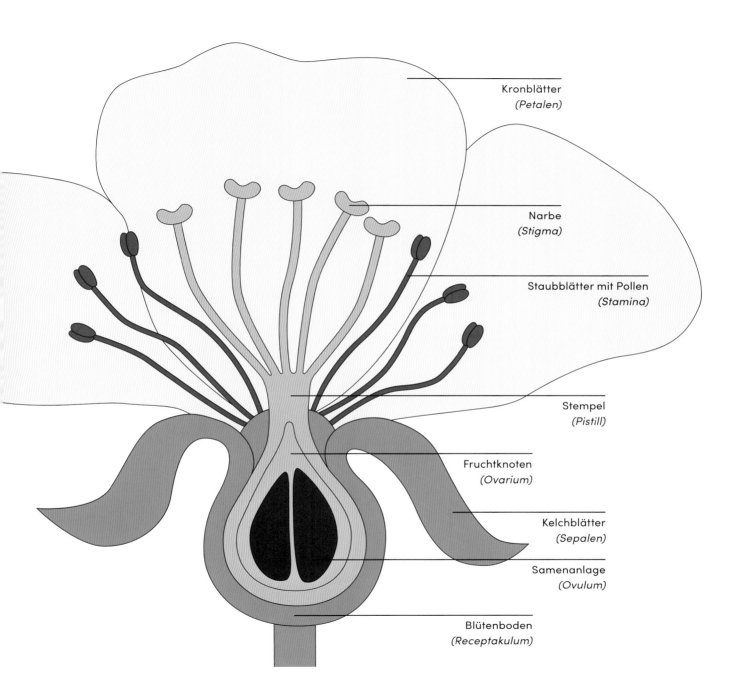

Kronblätter
*(Petalen)*

Narbe
*(Stigma)*

Staubblätter mit Pollen
*(Stamina)*

Stempel
*(Pistill)*

Fruchtknoten
*(Ovarium)*

Kelchblätter
*(Sepalen)*

Samenanlage
*(Ovulum)*

Blütenboden
*(Receptakulum)*

▶ Biene in einer Apfelblüte *Foto: shutterstock*

## BIENEN: DIE HELFERINNEN
## BEI DER BEFRUCHTUNG

Blüten werden durch Insekten-, Selbst- und Windbestäubung oder vom Menschen bestäubt. Honigbienen etwa besuchen die nach süßem Nektar duftenden Obstblüten, um Futter für ihre Larven im Bienenstock zu holen. Dabei stoßen sie an die Staubblätter und bepudern ihre behaarten Körper mit Pollen. Beim Besuch der nächsten Blüte bleibt dann befruchtungsfähiger, männlicher Pollen an den Narben des Stempels hängen, der dann den Befruchtungsvorgang auslöst. Bis zu einer Million Pollenkörner kann eine einzelne Biene tragen. Honigbienen sind „Körbchensammler": Sie bürsten den Pollen in Richtung ihrer Hinterbeine in kleine Taschen (Körbchen) und sammeln ihn hier.

In Deutschland gibt es rund 585 Bienenarten, davon ist etwa die Hälfte vom Aussterben bedroht. Vor allem betrifft dies die Wildbienen. Besonders effektiv helfen die Mauerbienen *(Osmia cornuta und Osmia bicornis)* beim Bestäuben von Obstbäumen. Wenn es während der Obstblüte für Bienen noch zu kalt ist, übernehmen auch die bereits ab 4° C aktiven Hummeln das Befruchten.

▶ Der Pollentransport
durch die Biene
*Grafik: Stefka Simeonova,*
*STUDIO FORELL*

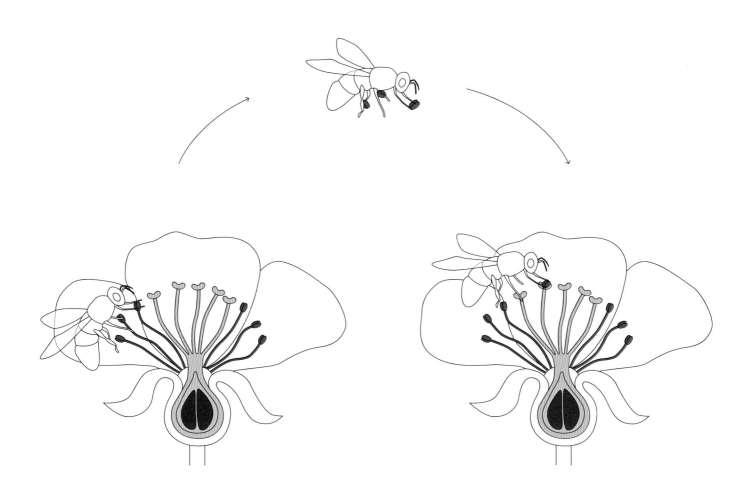

Anders als ihre domestizierten Verwandten nisten Wildbienen im Boden, in Totholz, in Mauerfugen und lockerem Gestein. Sie leben meist allein oder in kleineren Kolonien. Viele Wildbienen sind auf bestimmte Pflanzenarten spezialisiert: Die Glockenblumen-Sägehornbiene etwa *(Melitta haemorrhoidalis)* liebt – wie ihr Name schon sagt – Glockenblumen. Die Garten-Blattschneiderbiene *(Megachile willughbiella)* mag Weidenröschen. Die Stumpfzähnige Zottelbiene *(Panurgus calcaratus)* und die Dunkelfransige Hosenbiene *(Dasypoda hirtipes)* dagegen fliegen auf Korbblütler: Wichtig ist also, viele Blütenpflanzen im Umfeld von Obstgärten wachsen zu lassen.

Nicht etwa die mit den größten Blüten blühenden Blumen sind die bienenfreundlichsten. Die zu üppiger Blütenpracht gezüchteten Zierrosen oder Dahlien sind oft nicht mit Pollen und Nektar gefüllt. Die Staubblätter sind hier zu farbenprächtigen und dichten Blütenblättern weiterentwickelt. Sie duften zwar, lassen die Bienen aber hungrig zurück. Wildpflanzen – wie sie in der artenreichen Wiese vor dem Tempel der Pomona gefördert werden – sind hier vorteilhafter. Sie öffnen zudem ihre Blüten zeitversetzt zu verschiedenen Tageszeiten.

Ergänzend wirkt die jährliche Nachsaat einer bienenfreundlichen Blütenwiese Richtung Hindenburgring: Wichtiger ist aber, dass nicht nur im Sommer, sondern über das ganze Jahr Blütenpflanzen im Schlosspark gefördert werden. Denn viele Bienen brauchen schon im zeitigen Frühjahr Nektar. Auch müssen sie im Herbst ihren Wintervorrat anlegen.

Den Honig, den wir essen, produziert übrigens allein die Honigbiene *(Apis mellifera)*. Seit 2008 leben bis zu fünf Völker in den Bienenstöcken im Bad Homburger Schlosspark: im Sommer bis zu 50.000 Bienen.

▶ Pollenkörbchen und Fersenbürste bei der Honigbiene
*Grafik: Stefka Simeonova,*
*STUDIO FORELL*

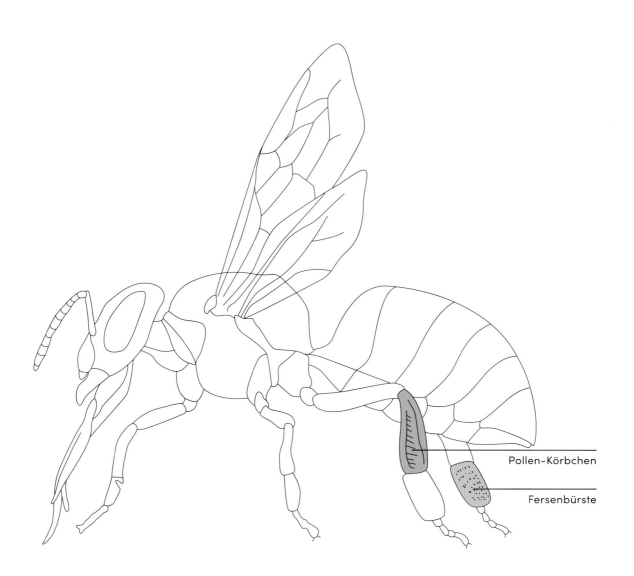

Pollen-Körbchen

Fersenbürste

## BEFRUCHTUNGSVORGANG

Wenn Pollenkörner auf die Narbe des Stempels gelangen, wächst der Pollen über den Pollenschlauch durch den Griffel bis in den Fruchtknoten. Der Kern der Samenzelle aus dem Pollenschlauch verschmilzt mit dem Kern der Eizelle im Innern des Fruchtknotens: Aus der Samenanlage bildet sich die Frucht. Der Apfel ist, biologisch gesehen, die Blüte im Zustand der Samenreife.

Nach der Befruchtung vertrocknen die Kronblätter. Kron- und Staubblätter fallen ab. Die Kelchblätter und die Griffel mit Narbe verkümmern zum Blütenrest. Aus dem Fruchtknoten entsteht das Kerngehäuse mit den Samen. Der Blütenboden wird zum Fruchtfleisch. Die Blütenachse wird zum Stiel.

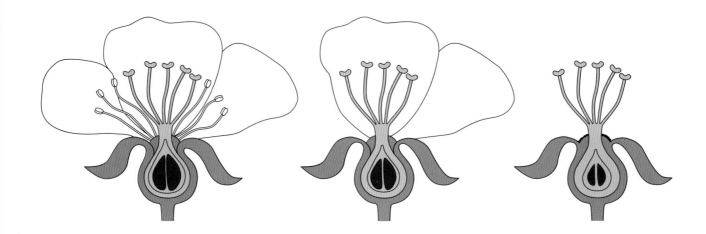

▶ Der Wandel der Blüte zur Frucht
*Grafik: Stefka Simeonova, STUDIO FORELL*

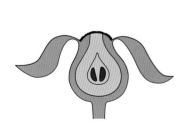

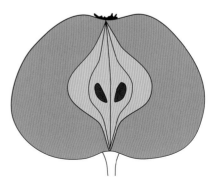

## STIEL UND STIELGRUBE

Mit seinem holzigen **Stiel** hängt ein Apfel am Baum. Am besten dreht man den Apfel beim Pflücken. So bleibt der Stiel am Apfel, und die Frucht verfault nicht so leicht.

Die **Stielgrube** kann unterschiedlich tief sein.

Als **Stielnase** wird eine fleischige Verdickung der Stielgrube bezeichnet, die den Stiel zur Seite drückt. Beides kann ein sortentypisches Merkmal sein, welches mehr oder weniger stark ausgeprägt ist.

▶ Verortung von Stiel und Stielgrube beim Apfel
*Grafik: Stefka Simeonova, STUDIO FORELL*

▶ 'Vaternase' mit und ohne Stilnase
*Foto: Staatliche Schlösser und Gärten Hessen, Alexander Paul Englert*

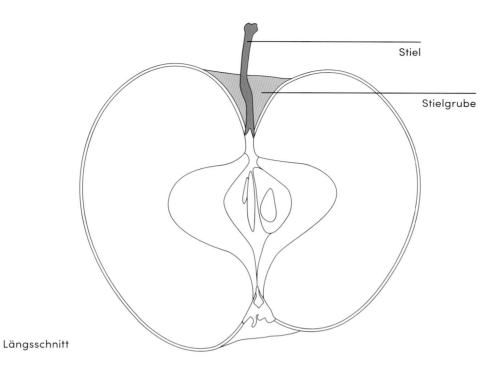

Stiel

Stielgrube

Längsschnitt

## SCHALE ODER FRUCHTHAUT

Hauptaufgabe der **Fruchthaut** ist der Schutz des darunterliegenden pflanzlichen Gewebes: dem Fruchtfleisch. Die Haut färbt sich je nach Sorte des Apfels grün, rot oder gelb.

In der **Schale** stecken besonders viele Vitamine. Daher sollte man die Schale eines Apfels mitessen, nachdem man den Apfel gründlich gewaschen hat.

Manchmal ist das Aussehen der Fruchthaut namensgebend: Die Schalenpunkte der 'Forellenbirne' erinnern an den gleichnamigen Fisch.

▶ Verortung der
Fruchthaut beim Apfel
*Grafik: Stefka Simeonova,*
*STUDIO FORELL*

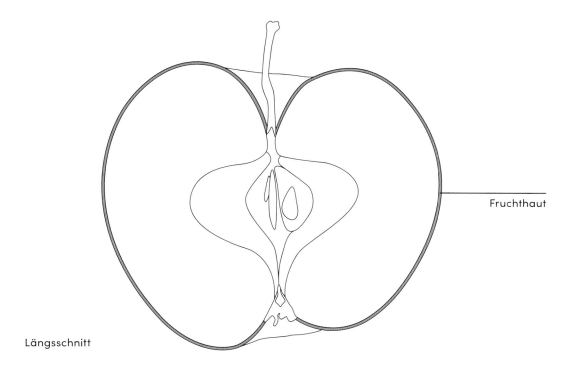

Fruchthaut

Längsschnitt

## FRUCHTFLEISCH UND GEFÄSSBÜNDELLINIE

Das **Fruchtfleisch** bestimmt den Geschmack und das Aroma des Apfels. Es kann süß bis säuerlich oder sogar ziemlich sauer sein. Je nach Apfelsorte ist es mehlig, saftig, fest oder abknackend. Bei zu hohem Zuckergehalt kann es „glasig" (durchscheinend) werden. Diese witterungsbedingte Stoffwechselstörung ändert die Lagerfähigkeit, nicht den Geschmack.

Wenn man ganz genau hinsieht, erkennt man etwas entfernt vom Kerngehäuse im Fruchtfleisch die **Gefäßbündellinie**: Die ringförmig angeordneten grünlichen Punkte sind die je nach Sorte unterschiedlich geformten Leitungsbahnen, die den Apfel während des Wachstums mit den nötigen Baustoffen und Wasser versorgen.

▶ Fruchtfleisch und Gefäßbündellinie beim Apfel
*Grafik: Stefka Simeonova,*
*STUDIO FORELL*

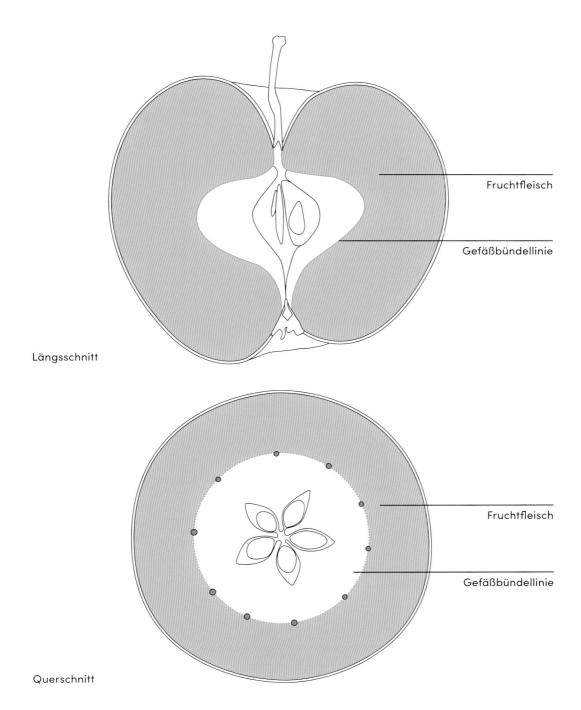

Fruchtfleisch

Gefäßbündellinie

Längsschnitt

Fruchtfleisch

Gefäßbündellinie

Querschnitt

## KERNGEHÄUSE

Das **Kerngehäuse** eines Apfels besteht aus fünf kleinen **Kernkammern**, die durch dünne, pergamentartige Wände getrennt werden. Darin befinden sich jeweils bis zu zwei kleine Apfelkerne, die im reifen Zustand braun sind.

Die Kernkammern haben sortentypisch verschiedene Formen: Sie können mondsichel-, bogen-, bohnen-, ohren- oder rucksackförmig aussehen und stielnah, mittig oder kelchnah in der Frucht liegen.

Vor dem Verzehr wird das Kerngehäuse meist entfernt, oder man lässt es beim Essen übrig. Man kann den Griebs oder Butzen aber auch mitessen.

▶ Verortung des Kernhauses
und der Kernkammer beim Apfel
*Grafik: Stefka Simeonova,*
*STUDIO FORELL*

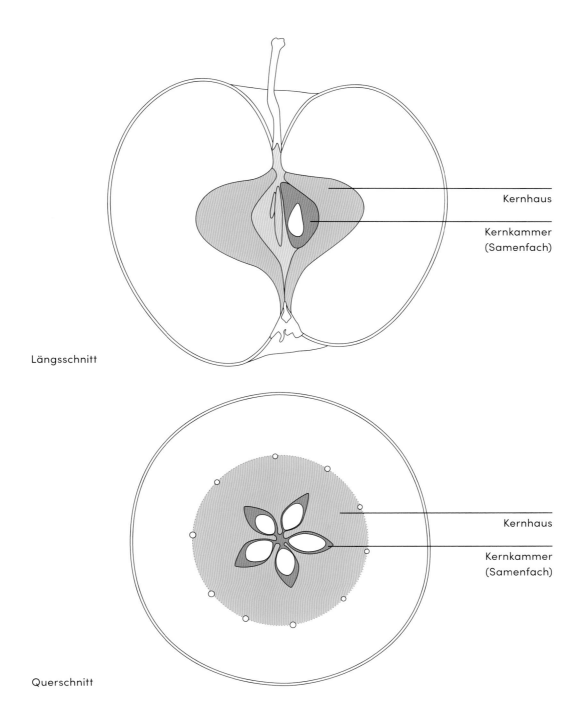

Kernhaus

Kernkammer
(Samenfach)

Längsschnitt

Kernhaus

Kernkammer
(Samenfach)

Querschnitt

## KERNE

Im Kerngehäuse befinden sich die kleinen **Kerne**, die Samen des Apfels. Wenn man sie in die Erde pflanzt und regelmäßig gießt, kann daraus in ein paar Jahren ein neuer Apfelbaum heranwachsen.

Apfelkerne enthalten das nicht gut verträgliche Alkaloid Amygdalin, das vom Körper in giftige Blausäure umgewandelt wird. Die Menge ist jedoch sehr gering. Je nach Apfelsorte müsste ein Erwachsener – je nach Apfelsorte – zwischen 142 und knapp 4.000 gründlich zerkaute Apfelkerne essen, bevor die Wirkung eintritt. Da ein Apfel nur zwischen 0 und 20 Kerne besitzt, kann man problemlos mehrere Äpfel samt Kernen essen. Unzerkaut werden die Stoffe zudem nicht verdaut: Die Kerne werden unverändert wieder ausgeschieden.

▶ Anordnung der
Kerne beim Apfel
*Grafik: Stefka Simeonova,*
*STUDIO FORELL*

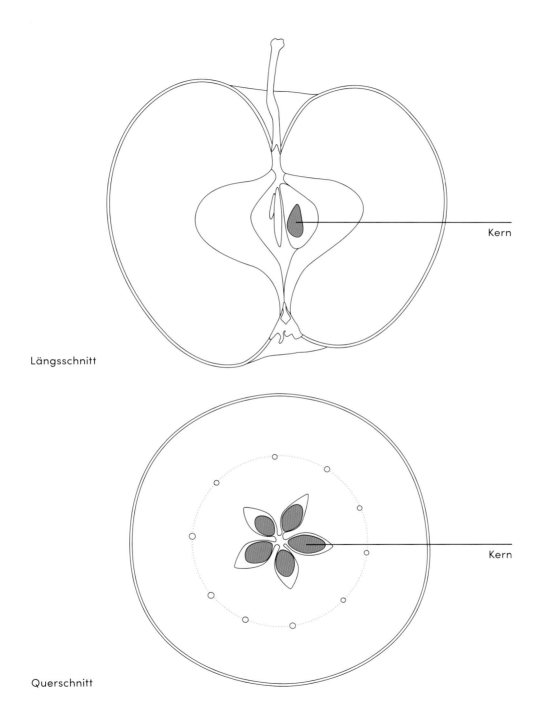

Kern

Längsschnitt

Kern

Querschnitt

## KELCH UND KELCHGRUBE

Es lohnt sich, einen Apfel einmal genau von unten anzusehen. In der **Kelchgrube** verbergen sich die einstigen Staub- und Kelchblätter: der Blütenrest aus dem Frühling. Getrocknet sind sie als kleine, scheinbar trockene Blättchen von außen sichtbar. Darunter verbirgt sich, was einst der Stempel der Blüte war.

Die Kelchgrube ist je nach Sorte unterschiedlich tief. Einige Sorten besitzen sogar richtige „Höcker". Beim 'Golden Delicious' etwa ist die Kelchgrube vergleichsweise weit und tief.

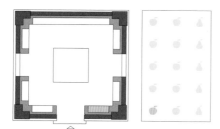

Grundriss

AKTUELLE SORTEN
Verortung der Sorte 'Golden Delicious'

▶ Verortung der einstigen
  Kelchblätter beim Apfel
  *Grafik: Stefka Simeonova,*
  *STUDIO FORELL*

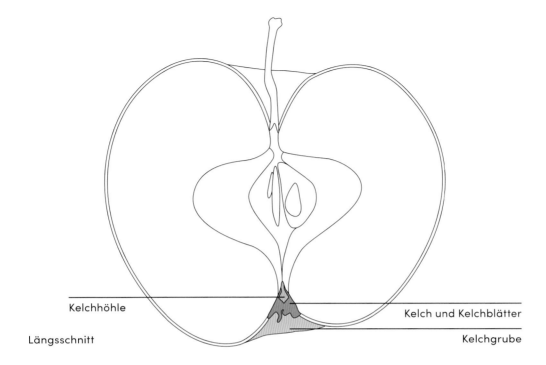

Kelchhöhle

Kelch und Kelchblätter

Längsschnitt

Kelchgrube

Kurz vor Apfelernte im Schlosspark Bad Homburg
Foto: Staatliche Schlösser und Gärten Hessen, Götz Schad

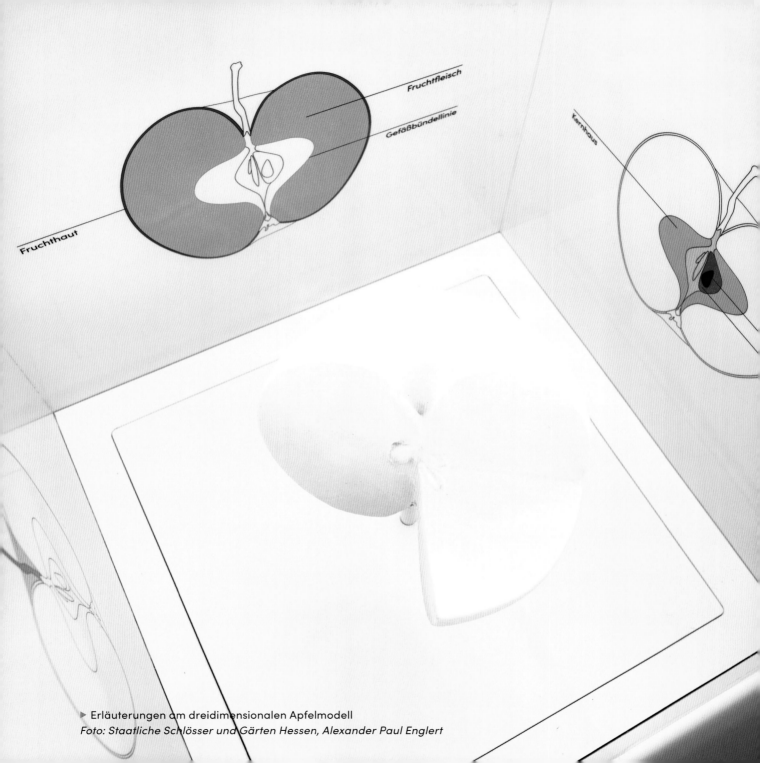

Fruchtfleisch

Gefäßbündellinie

Fruchthaut

Kernhaus

▶ Erläuterungen am dreidimensionalen Apfelmodell
*Foto: Staatliche Schlösser und Gärten Hessen, Alexander Paul Englert*

## GESCHMACKSERLEBNISSE 1

Der Geschmack des Apfels wird im Wesentlichen durch die Zellkonsistenz des Fruchtfleisches und das Verhältnis der enthaltenen Inhaltsstoffe, wie zum Beispiel Zucker, Apfelsäure, Wasser, Vitamine und andere Stoffe, bestimmt. Alte Apfelsorten weisen im Vergleich zu Sorten in Intensivkultur eine wesentlich höhere Variabilität an Inhaltsstoffen auf.

„Das hauptsächlichste, was das Obst beliebt macht, ist der reitzende Geschmack; was aber die Gattungen von außen kentbar macht, ist aber die Gestalt, Farbe, Grösse und Zeit der Reife. Der Geschmack lässt sich wohl empfinden, aber nicht durch Worte ausdrücken. Wir erhalten einen Begriff davon durch die Zunge, aber nicht durch die Augen oder Ohren."

*Georg Friedrich Möller: Beschreibung der besten Arten von Kern-Obst, Berlin 1759, S. 14*

▶ *Grafik: Stefka Simeonova, STUDIO FORELL*

„... VON EINEM SO AUSGESUCHTEN WEIN-GESCHMACK, DASS MAN ANANAS ZU ESSEN GLAUBT, ODER ERDBEEREN, DIE MIT CHAMPAGNER ANGEMACHT SIND"

JOHANN PROKOP MAYER
1801 ÜBER DIE 'CHAMPAGNERRENETTE'

„EIN WAHRER PRACHT-VOLLER, SEHR GROSSER VORTREFFLICHER HERBSTAPFEL VON EINEM RECHT ANGENEHMEN HIMBEERGESCHMACK... DIE FRUCHT HAT EINEN STARKEN VIOLENARTIGEN GERUCH"

AUGUST FRIEDRICH ADRIAN DIEL
1821 ÜBER 'KAISER ALEXANDER'

## GESCHMACKSERLEBNISSE 2

Äpfel können abknackend, mürbe, saftig, süß, säuerlich, würzig, duftend und vieles mehr sein. Es gibt ebenso viele Geschmacks-nuancen, wie es Sorten gibt. Das Fruchtfleisch von Birnen wird oft als schmelzend charakterisiert.

„Wenn das Fleisch sich fast gäntzlich im Munde in Saft auflöset, so nennen sie es schmelzend, oder butterhaft ... so weich ..., dass sie gleichsam im Munde schmeltzen, oder wie Butter zergehen. Wenn hingegen das Fleisch derber ist und unter den Zähnen oder beym Zerschneiden mit dem Messer einen lauten Schall erreget, und gleichsam zerspringet, so heißt es cassant, das ist brüchig".

*über die 'Schmalzbirne', aus: Georg Friedrich Möller:*
*Beschreibung der besten Arten von Kern-Obst, Berlin 1759, S. 24 f.*

▸ **Dr. Inken Formann**
Leiterin des Fachgebiets Gärten,
Staatliche Schlösser und Gärten Hessen

▸ *Grafik: Stefka Simeonova, STUDIO FORELL*

# 6 ANBAU UND VERWENDUNG

**Folgende Zweige werden beim Schnitt entfernt:**

**1** eine „Doppelkrone",
d. h. die Triebe wachsen parallel
zum Hauptstamm
**2** sich kreuzende oder sich
reibende Äste
**3** parallel wachsende Äste
**4** offensichtlich Abgestorbenes
**5** steil nach oben wachsende
Wassertriebe

**6** bodennahe Äste, an denen man
sich leicht stoßen kann
**7** Stockausschläge/Schösslinge
aus dem Boden oder der
Stammbasis
**8** Waagerecht wachsende Äste
fördern: Sie bilden das beste
Fruchtholz. Ggf. durch Gewichte
flach leiten

## OBSTBAUMSCHNITT

Beim fachkundigen Obstbaumschnitt werden Totholz, steil nach oben oder quer schießende, blühfaul gewordene oder mit Krankheitserregern und Schädlingen befallene Zweige entfernt. Insbesondere nach innen wachsende Äste behindern die Luftzirkulation in der Baumkrone und begünstigen damit Pilzerkrankungen. Bei starkem Fruchtbehang sollte man zudem im Juni die Früchte reduzieren. Ein Baum benötigt pro Apfel 30 bis 40 Blätter, damit die Früchte optimal ausreifen können.

**Bester Zeitpunkt:**
Februar/März, auf keinen Fall unter 5 °C.
Ergänzend: August

▶ Erläuterung des Obstbaumschnitts
*Grafik: Stefka Simeonova, STUDIO FORELL*

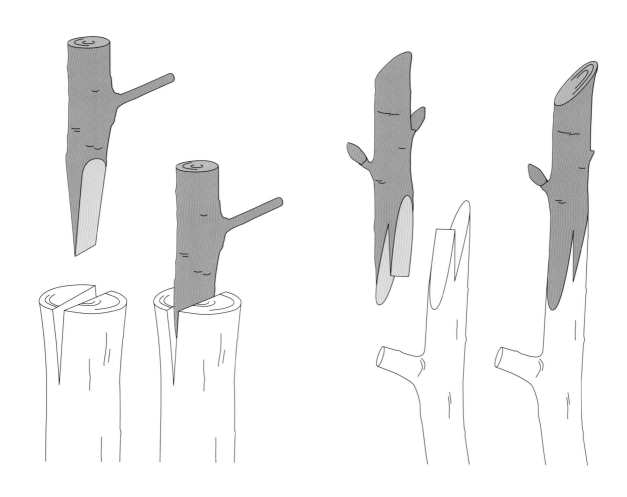

## VEREDELUNG

Beim „Pfropfen" und „Okulieren" wird ein Pflanzenteil einer Sorte auf eine andere Pflanze transplantiert. Der Edelreis wächst dabei mit der Unterlage zusammen.

Die Techniken des „Veredelns" erlauben den Erhalt der Ursprungssorte als Klon: Alle Bäume einer Sorte sind damit genetisch identisch. Pflanzen, die aus Samen und mittels generativer Vermehrung durch Bestäubung entstehen, erzeugen nämlich nur selten Nachkommen mit exakt den gleichen Eigenschaften der Elternarten.

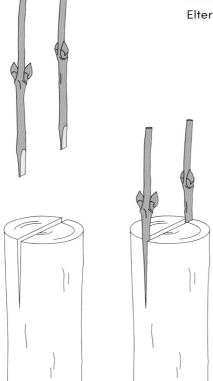

▶ Veredelungstechniken
*Grafik: Stefka Simeonova,*
*STUDIO FORELL*

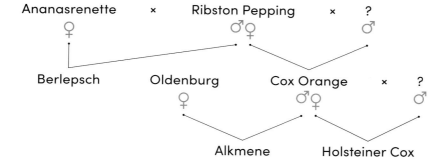

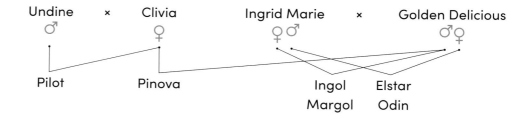

## ZÜCHTUNGEN

Bei Züchtungen werden Obstbaumsorten mit besonderen Eigenschaften ausgewählt und gezielt weiter vermehrt.

Zum Bestäuben trägt der Mensch getrocknete Pollen der Vatersorte auf den Stempel der Muttersorte auf. Die befruchteten Blüten sind dabei am Zweig mit einem Beutel insektendicht verschlossen.

Als Frucht reift nun eine neue Sorte heran: Im Apfelkern verbirgt sich das Erbe beider Elternsorten. Aus mehreren Hunderten ausgesäter Apfelsämlinge werden nur die besten selektiert und weiterkultiviert. Bis die Bäume fruchten, kann es 5–8 Jahre dauern. Erst nach mind. 5-jähriger Prüfung gehen erfolgversprechende Sorten in den Handel. Die Entwicklung einer neuen Apfelsorte dauert also 15–25 Jahre.

▶ Abstammungslinien für einige Apfelsorten
*aus: Silbereisen/Götz/Hartmann: Obstsorten-Atlas. Kernobst, Steinobst, Beerenobst, Schalenobst, Hamburg 2014; Grafik: Stefka Simeonova, STUDIO FORELL*

## VOR- UND NACHTEILE MODERNER ZÜCHTUNGEN

Moderne Züchtungen sind aufgrund ihrer genetischen Reduzierung oft sehr anfällig für Schädlinge und Apfel-Krankheiten, weswegen sie mit Pestiziden und anderen chemischen Spritzmitteln gespritzt werden. Diese isst man jedoch mit.

Viele Neuzüchtungen sind für Allergiker schlecht verträglich: Zugunsten eines appetitlicheren Aussehens wurden die gesunden Polyphenole aus den Äpfeln herausgezüchtet, da sie dafür sorgen, dass der Apfel schneller braun wird. In vielen alten Sorten dagegen sind sie noch vorhanden.

▶ Natürliche
Schädlingsbekämpfung
*Grafik: Stefka Simeonova,*
*STUDIO FORELL*

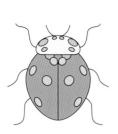 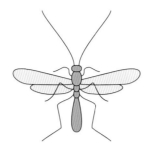

**Fressfeinde
fördern**

Marienkäfer, Schlupfwespen,
Hängender Tontopf mit Stroh
für Ohrenkneifer

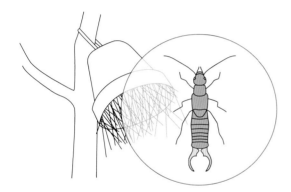

**Spülmittellauge
gegen Blattläuse**

1 Liter Wasser +
10 ml Spülmittel

**Wermutjauche
gegen Apfelwickler**

300 Gramm frische
Wermutblätter + 10 Liter
Regenwasser oder
abgestandenes Wasser

# ERNTEZEIT

Je nach Sorte muss man Äpfel und Birnen in bestimmten
Wochen des Jahres ernten. Man unterscheidet:

**Sommeräpfel:**
Erntezeit Aug. bis Anf. Sept.
(i.d.R. sofort genussreif, nicht lange lagerfähig)

**Herbstäpfel:**
Erntezeit Sept. bis Okt.
(je nach Sorte sofort oder später genussreif)

**Winteräpfel:**
Erntezeit Okt. bis Nov.
(Lageräpfel, z.B. 'Schöner von Boskoop')

Einige Sorten müssen nach dem Pflücken bis zu zwei
Monate nachreifen, um ihr optimales Aroma zu erreichen.

**Pflückreife:**
Der Zeitpunkt, an dem man den Apfel ernten kann.

**Genussreife:**
Der Zeitpunkt, an dem der Apfel am besten schmeckt.

▶ Obsternte in der ehem.
Benediktinerabtei Seligenstadt
*Foto: Staatliche Schlösser
und Gärten Hessen,
Alexander Paul Englert*

## FRISCHLUFTLAGERUNG

Früher lagerte man die geernteten Früchte im Schlosspark Bad Homburg in einem eigens dafür eingerichteten Gewölbekeller unterhalb des Archivflügels, dem sog. Obstkeller. Die Früchte hielten sich in Apfelhorden bis ins Frühjahr des Folgejahres frisch. Noch heute nutzen die Gärtner:innen den 3–5 °C kühlen Keller des Hofgärtnerhauses für die Obstlagerung. Auf luftdurchlässigen Lattenregalen legen sie die Früchte – die Stilseite nach unten – dicht nebeneinander. Jeder angefaulte Apfel muss sofort entfernt werden. Gitterdraht an den geöffneten Fenstern hält Mäuse fern.

▶ Lagerung in einer
Apfelhorde
*Grafik: Stefka Simeonova,*
*STUDIO FORELL*

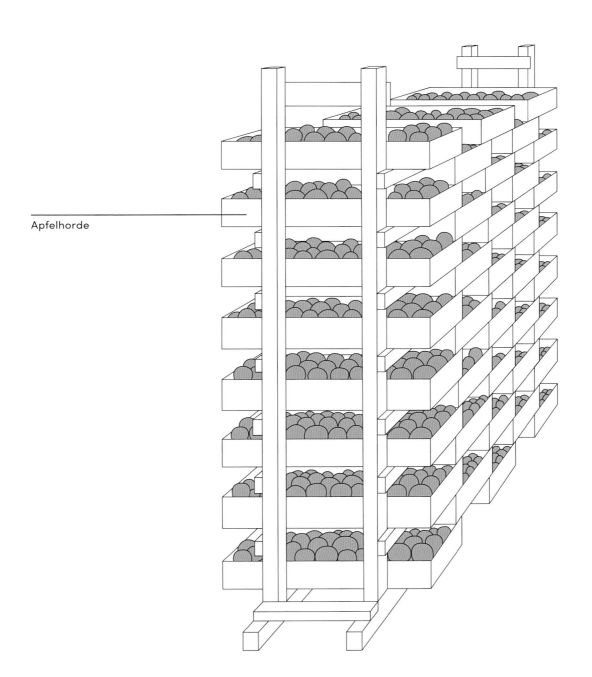

Apfelhorde

► Der 'Prinzenapfel' in der Ausstellung
*Foto: Staatliche Schlösser und Gärten Hessen, Uwe Dettmar*

## WARUM AUFGESCHNITTENE ÄPFEL BRAUN WERDEN

Äpfel färben sich nach dem Schälen braun. Wenn die Messerklinge durch das Fruchtfleisch fährt, werden die Zellen des Fruchtfleisches verletzt. Aus den Organellen treten Enzyme aus, die mit dem Sauerstoff aus der Luft reagieren (oxidieren). Dabei verändern sie ihre Farbe. Der Geschmack leidet dabei aber nicht.

Beim Reifen und Altern „veratmen" die Früchte Sauerstoff. Sie erzeugen dabei Wärme, Kohlenstoffdioxid, Wasserdampf und aromatische Verbindungen. Je stärker eine Frucht „atmet", desto schneller altert sie. Weniger Sauerstoff und mehr Kohlenstoffdioxid im Lagerraum verlangsamen daher die Reifung.

▶ Aufgeschnittener Apfel kurz nach dem Aufschneiden und ein paar Stunden später
*Foto: shutterstock*

# VERWENDUNG

Sorten wie 'Purpurroter Cousinot' und 'Rote Sternrenette' wurden wegen ihrer besonders intensiven roten Farbe als Weihnachtsbaumschmuck verwendet.

Rote Früchte werden meist spät im Jahr geerntet und hängen daher lang am Baum. So bekommen sie viel Sonne und sind in der Regel süßer.

Im 19. Jh. fand man Gefallen an der Kultur von „Obst in Scherben". Dabei wird ein Obstbäumchen in einen Topf gepflanzt und im Gewächshaus vorgetrieben. Klein und kompakt gehalten kann man es blühend oder fruchtend auf eine Speisetafel stellen.

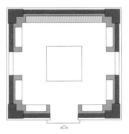

Grundriss

HISTORISCHE KULTURAPFELSORTEN
Verortung der Sorten 'Purpurroter Cousinot'
und 'Rote Sternrenette'

▶ „Obst in Scherben"
*Foto: Staatliche Schlösser
und Gärten Hessen,
Alexander Paul Englert*

242

**Der Weg vom Apfel zum Apfelsaft**

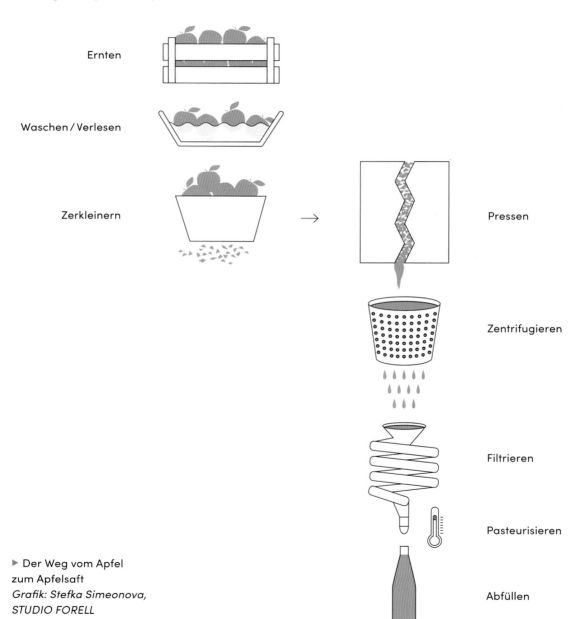

Ernten

Waschen / Verlesen

Zerkleinern

Pressen

Zentrifugieren

Filtrieren

Pasteurisieren

Abfüllen

▶ Der Weg vom Apfel
zum Apfelsaft
*Grafik: Stefka Simeonova,*
*STUDIO FORELL*

# TAFELOBST UND KELTERFRÜCHTE

Die meisten Äpfel sind Tafeläpfel. Andere sind Wirtschafts- und Kelteräpfel: Der 'Kloppenheimer Streifling' oder der 'Rote Triersche Weinapfel' etwa sind besonders saftreich und eignen sich daher zur Herstellung von Apfelsaft und Apfelwein. Äpfel können roh gegessen oder zu Mus, Kuchen, Kompott oder Bratäpfeln verarbeitet werden.

**Der Bratapfel**

Kinder, kommt und ratet,
was im Ofen bratet!
Hört, wie's knallt und zischt.
Bald wird er aufgetischt,
der Zipfel, der Zapfel, der Kipfel,
der Kapfel, der gelbrote Apfel.
Kinder, lauft schneller,
holt einen Teller,
holt eine Gabel!
Sperrt auf den Schnabel
für den Zipfel, den Zapfel,
den Kipfel, den Kapfel,
den goldbraunen Apfel!
Sie pusten und prusten,
sie gucken und schlucken,
sie schnalzen und schmecken,
sie lecken und schlecken
den Zipfel, den Zapfel,
den Kipfel, den Kapfel,
den knusprigen Apfel.

*Autor:in unbekannt*

## AN APPLE A DAY KEEPS
## THE DOCTOR AWAY

Auf Deutsch heißt dieses englische Sprichwort „Ein Apfel pro Tag hält den Doktor fern". Es tauchte 1866 in einer walisischen Zeitschrift auf. Damals hieß es noch: "Eat an apple on going to bed, and you'll keep the doctor from earning his bread" (deutsch etwa „Iss einen Apfel vorm Zubettgehen und du sorgst dafür, dass der Arzt nichts mehr verdient."). Bekannt wurde das Sprichwort im frühen 20. Jahrhundert, als die gesundheitsfördernde Wirkung des Apfels zunehmend bekannt wurde. Bis zu 70 Prozent der Vitamine eines Apfels befinden sich in der Apfelschale oder direkt darunter.

▶ Nährwert eines Apfels
*Grafik: Stefka Simeonova,*
*STUDIO FORELL*

**Nährwert eines Apfels**
(sortenbedingt unterschiedlich, pro 100 g)

**85 %**
Wasser

**Vitamine:**
100 bis 180 mg Kalium
29 µg Beta-Carotin
0,5 mg Vitamin E
0,04 mg Vitamin B1
0,03 mg Vitamin B2
0,1 mg Vitamin B6
8 µg Folsäure
5–35 mg Vitamin C

**Fett:**
<0,1 g ungesättigte Fette

**Mineralstoffe:**
119 mg Kalium
10 mg Phosphat (P)
5–10 mg Magnesium (Mg)
6 mg Schwefel
5 mg Calzium (Ca)
2,2 mg Chlorid
1 mg Natrium (Na)
0,2 mg Eisen (Fe)
0,1 mg Zink (Zn)
0,01 mg Fluorid
8 µg Jod (im Kerngehäuse)

**Energie:**
58 kcal
14,4 g Kohlenhydrate,
davon 10,3 g Trauben-
und Fruchtzucker

## ZAHNBÜRSTE DER NATUR?

Die Annahme, dass Äpfel die Zähne so gut putzen wie Bürste und Zahnpasta, hält sich hartnäckig. Apfelkauen kann zwar oberflächliche Beläge von den Zähnen holen. Aber das Kauen holt weder Speisereste aus den Zahnzwischenräumen, noch entfernt es Beläge. Äpfel enthalten zudem Säuren, die den pH-Wert des Speichels verändern und den Zahnschmelz angreifen. Der enthaltene Fruchtzucker ist zudem willkommener Nährboden für Kariesbakterien.

Also trotzdem Zähneputzen!

▶ Look who's joined the apple club now!
*Privatbesitz Inken Formann*

# GESUNDES FASTFOOD

Äpfel sind ein natürliches und gesundes „Fastfood": Durchschnittlich enthält ein Apfel 85 % Wasser, zwischen 10–18 % Kohlenhydrate, 0,3 % Rohprotein, 0,3 % Fett und 0,32 % Mineralstoffe sowie jede Menge Vitamine und Spurenelemente. Durch die enthaltenen Phenole, Pektine und Säuren wirken Äpfel positiv auf verschiedenste stress- und ernährungsbedingte Erkrankungen, wie erhöhter Cholesterinspiegel oder erhöhte Harnsäurewerte.

▶ **Dr. Inken Formann**
Leiterin des Fachgebiets Gärten,
Staatliche Schlösser und Gärten Hessen

als Bestandteil einer
vollwertigen Ernährung

zur Gewichtsreduktion,
als Diät

guter Einfluss auf den
Gesamtstoffwechsel

gegen Durchfall und
Darmkatarrh

als Vitamin- und
Mineralstoffquelle

bei Grippe und
fieberhaften Infekten

als Ballaststoffträger

als Hautpflegemittel

als Magen- und
Darmregulierungsmittel

bei Rheuma und Gicht

bei Müdigkeit und
Konzentrationsschwäche

reguliert den
Cholesterinspiegel

# 7 HINTER DEN KULISSEN

# DIE HERSTELLUNG DER APFELMODELLE

Im Hause der Firma Marcus Sommer SOMSO Modelle hat die Modellfertigung mit Papiermaché seit über 145 Jahre eine große Tradition. Durch die Herstellung der SOMSO®-Apfelmodelle wird mit der 5. Generation der Unternehmerfamilie Sommer ein bewährtes Fertigungsverfahren gelebt und gepflegt. Nach hauseigenen Rezepten in stückbezogener Handarbeit, wie das Drücken, Retuschieren, Bemalen und Dekorieren mit Wachs entsteht jeder einzelne Apfel. Das Zusammenspiel aller Arbeitsgänge schafft ein Ergebnis höchster Naturtreue und bietet einen ästhetischen Genuss für jede Dekoration. Die Reihe der Papiermaché-Früchte wird kontinuierlich fortgesetzt und erweitert.

Das eingetragene Markenzeichen, die SOMSO®-Sonne, steht für die wissenschaftliche, naturgetreue und ästhetisch hohe Qualität bei der Herstellung des Gesamtprogramms an Modellen der Anatomie, Zoologie und Botanik und medizinischen Übungsphantomen. Seit 1876 ist es Ziel und Aufgabe von SOMSO® für die Fachwelt hochqualifizierte Lehrmittel zu fertigen.

▸ **Marcus Sommer**
Geschäftsführer SOMSO, www.somso.de

# DIE GESCHICHTEN DER HOLZÄPFEL

Die 60 im Tempel der Pomona ausgestellten Holzäpfel wurden vom Drechsler des Hessenparks, Bernd Lukesch, in den Jahren 2015 bis 2020 gedrechselt. Gestiftet wurden die kleinen Kunstwerke von der Bad Homburgerin Michaele Scherenberg. Das Holz stammt von verschiedenen laubabwerfenden und immergrünen Bäumen, Sträuchern und Kletterpflanzen. Den Anfang macht ein Apfel aus einem Apfelbaum, der altersbedingt auf einer Streuobstwiese bei Rodheim gefällt werden musste. Die Holzäpfel sind alphabetisch nach den deutschen Artennamen geordnet und bieten – so nebeneinander gestellt – einen anschaulichen Einblick in die Verschiedenartigkeit des Innenlebens der einst lebendigen Äste und Stämme. Den Abschluss bildet ein Zuckerahorn, der im Schlosspark Bad Homburg stand und nach Sturmschaden abgängig war.

Die Exponatbeschreibungen führen an verschiedene Orte in ganz Hessen, darunter auch in Gärten und Parks der Staatlichen Schlösser und Gärten Hessen. Einige Hölzer stammen auch aus ferneren Orten: aus Italien, Kroatien und den Niederlanden, sogar aus Orten in Asien und Afrika. Nicht nur die verschiedene Farbigkeit der Äpfel zeigt die Schönheit der Hölzer, auch Astverzweigungen und Pilzbefall sind erkennbar.

Die unterschiedlich großen und ausgearbeiteten Äpfel sind die letzten Reste der Pflanzen, die entweder altersbedingt oder nach Sturmereignissen abgängig waren oder aus anderen Gründen gefällt werden mussten. Mit jedem Exponat ist eine Geschichte verbunden – sei es, wie das Holz bei Eis und Frost geborgen wurde oder, weshalb eine bestimmte Maserung oder Besonderheit während des Drechselns ausgewählt wurde.

▶ Die Lea-Eiche im Palmen-
garten kurz vor der Fällung
*Foto: Hilke Steinecke,
Palmengarten, Frankfurt am Main*

Nur eine besondere Geschichte soll erzählt werden:
Bei der Lea-Eiche *(Quercus x leana)* handelte es sich um einen
ca. 190 Jahre alten Baum, der einst im Palmengarten in Frank-
furt/Main stand und bereits vor Gründung des Botanischen
Gartens gepflanzt worden war. Er musste am 14.12.2016 aus Ver-
kehrssicherheitsgründen gefällt werden. Der Baum hatte zuletzt
einen Umfang von 6,69 m, eine Höhe von ca. 27 m und einen
Kronendurchmesser von ca. 17 m. Leas Eiche ist eine Naturhybride
zwischen den nordamerikanischen Arten Schindel-Eiche
*(Quercus imbricaria)* und Färber-Eiche *(Quercus velutina)*. Entdeckt wurde sie um 1830 in der Nähe von Cincinnati/Ohio von
dem Botaniker Thomas Gibson Lea, nach dem sie auch benannt
wurde. Der ausgestellte Apfel gehört zu den letzten Erinnerungen
an das einstige, raumprägende Naturdenkmal.

▶ **Bernd Lukesch**
Drechsler der Holz-Äpfel

▶ Holzapfel
*Foto: Staatliche Schlösser und
Gärten Hessen, Uwe Dettmar*

| | |
|---|---|
| **APFEL** *Malus domestica* | von einer Streuobstwiese bei Rodheim |
| **AMARANTH** *Peltogyne venosa* | erworben im Holzhandel |
| **AMBERBAUM** *Liquidambar styraciflua* | aus einem Garten in Friedrichsdorf |
| **ARAUCARIE (CHILENISCHE SCHMUCKTANNE)** *Araucaria araucana* | aus einem Garten in Friedrichsdorf |
| **ATLASZEDER** *Cedrus atlantica* | aus einem Garten in Oberursel-Weißkirchen |
| **BAMBUS** *Bambusoideae* | aus dem Palmengarten in Frankfurt/Main (Wurzelholz) |
| **BERGAHORN** *Acer pseudoplatanus* | aus dem Fürstenlager, Bensheim-Auerbach |
| **BIRKE** *Betula pendula* | vom Grundstück neben der Heilig Kreuz Kirche in Bad Homburg-Gonzenheim |
| **BIRNE** *Pyrus communis* | von einer Streuobstwiese bei Rodheim vor der Höhe (Windbruch) |
| **BONGOSSI (RED IRONWOOD)** *Lophira alata* | von einem Schienenabschnitt nahe Hüttenberg, Lahn-Dill-Kreis |
| **DOUGLASIE** *Pseudotsuga menziesii* | aus einem Garten in Oberursel-Weißkirchen |
| **EBERESCHE (VOGELBEERE)** *Sorbus aucuparia* | von einer Streuobstwiese bei Wehrheim |
| **ECHTE WALNUSS** *Juglans regia* | aus Oberursel-Weißkirchen |
| **EDELKASTANIE (MARONE)** *Castanea sativa* | vom Gelände der Hohemark-Klinik in Oberursel |
| **EFEU** *Hedera helix* | aus einem Garten in Frankfurt-Eschersheim |

Äpfel aus unterschiedlichen Holzarten, gesammelt und hergestellt in den Jahren 2015 bis 2020 vom Drechsler des Hessenparks, Bernd Lukesch, gestiftet von Michaele Scherenberg, Bad Homburg

🌳 Laubholz  🌳 Laubholz, immergrün  🌲 Nadelholz  🌳 Strauch  🌿 Gras  🍃 Kletterpflanze  🍃 Kletterpflanze, immergrün

| | |
|---|---|
| **EIBE** *Taxus bacchata* | aus einem Garten in Oberursel-Weißkirchen |
| **ELSBEERE** *Sorbus torminalis* | von einer Streuobstwiese bei Gießen |
| **ESCHE** *Fraxinus excelsior* | Baum vom Friedhof in Usingen-Eschbach |
| **ESSIGBAUM** *Rhus typhina* | Garten aus der Nähe von Gießen |
| **EUROPÄISCHE LÄRCHE** *Larix decidua* | vom Grundstück an der Post in Usingen |
| **FICHTE** *Picea abies* | aus einem Forst in der Nähe von Kloster Lorsch |
| **FLATTERULME** *Ulmus laevis* | aus einem Wald bei Gelnhausen |
| **FLIEDER** *Syringa vulgaris* | von einem alten Weinberg in St. Goarshausen |
| **GOLDREGEN** *Laburnum anagyroides* | aus einer Allee in Venlo (Niederlande) |
| **GÖTTERBAUM** *Ailanthus altissima* | aus einem Garten nahe Wetzlar |
| **HAINBUCHE** *Carpinus betulus* | vom Ufer der Nahe in Frauenberg, Rheinland-Pfalz |
| **HUNDSROSE** *Rosa canina* | von einer Streuobstwiese bei Rodheim |
| **KAKAO-BAUM** *Theobroma cacao* | aus dem Palmengarten in Frankfurt/Main |
| **KOLABAUM** *Cola acuminata* | aus dem Palmengarten in Frankfurt/Main |
| **KORKENZIEHERHASEL** *Corylus avellana 'Contorta'* | aus dem Grüneburgpark in Frankfurt/Main |

Äpfel aus unterschiedlichen Holzarten, gesammelt und hergestellt in den Jahren 2015 bis 2020 vom Drechsler des Hessenparks, Bernd Lukesch, gestiftet von Michaele Scherenberg, Bad Homburg

🌳 Laubholz    🌳 Laubholz, immergrün    Nadelholz    🌳 Strauch    Gras    Kletterpflanze    Kletterpflanze, immergrün

| | |
|---|---|
| **KORNELKIRSCHE** *Cornus mas* | aus dem Grüneburgpark in Frankfurt/Main |
| **LEA-EICHE** *Quercus x leana* | ca. 190 Jahre alter Baum aus dem Palmengarten in Frankfurt/Main |
| **LEBENSBAUM** *Thuja plicata* | aus Oberursel-Weißkirchen (2010 vom Sturm Xynthia umgeworfen, Stammdurchmesser 0,8 m) |
| **MEHLBEERE** *Sorbus aria* | von einer Streuobstwiese bei Wehrheim |
| **OLIVENBAUM** *Olea europaea* | aus einem Weingut bei Rovinj (Kroatien) |
| **PADOUK** *Pterocarpus soyauxii* | erworben im Holzhandel |
| **PFIRSICH** *Prunus persica* | aus einer Obstplantage im Etschtal bei Meran (Südtirol) |
| **PFLAUME** *Prunus domestica* | aus Oberursel |
| **PLATANE** *Platanus occidentalis* | vom Rathausplatz in Oberursel |
| **RIESENMAMMUTBAUM** *Sequoiadendron giganteum* | aus der Landgräflichen Gartenlandschaft Bad Homburg v.d.Höhe |
| **ROBINIE** *Robinia pseudoacacia* | aus dem Osteinschen Niederwald bei Rüdesheim am Rhein |
| **SANDDORN** *Hippophae rhamnoides* | aus Venlo (Niederlande) |
| **SCHWARZERLE** *Alnus glutinosa* | vom Ufer der Usa bei Usingen |
| **SCHWARZNUSS** *Juglans nigra* | aus Matrei (Osttirol) |
| **SCHWARZPAPPEL** *Populus nigra* | vom Ufer der Usa bei Usingen |

Äpfel aus unterschiedlichen Holzarten, gesammelt und hergestellt in den Jahren 2015 bis 2020
vom Drechsler des Hessenparks, Bernd Lukesch, gestiftet von Michaele Scherenberg, Bad Homburg

🌳 Laubholz  🌳 Laubholz, immergrün  🌲 Nadelholz  🌳 Strauch  🌾 Gras  🥀 Kletterpflanze  🌿 Kletterpflanze, immergrün

| | |
|---|---|
| **SILBER-WEIDE** *Salix alba* | vom Ufer der Usa<br>bei Usingen |
| **SOMMERLINDE** *Tilia platyphyllos* | aus der Allee am Schwanenteich<br>im Fürstenlager, Bensheim-Auerbach |
| **SPEIERLING** *Sorbus domestica* | aus Kronberg<br>(Feb. 2016, Astdurchmesser bis zu 60 cm) |
| **STEINEICHE** *Quercus ilex* | von einem Hain am Meer<br>bei Rovinj (Kroatien) |
| **SÜSSKIRSCHE** *Prunus avium* | gepflanzt vom einstigen Weißkirchener<br>Bürgermeister Franz Dietz |
| **TRAUBENEICHE** *Quercus petraea* | aus dem Osteinschen Niederwald<br>bei Rüdesheim am Rhein |
| **WACHOLDER** *Juniperus communis* | aus einem Garten<br>in Oberursel |
| **WEISSDORN** *Crataegus monogyna* | aus einem Garten<br>in Usingen |
| **WEIßE MAULBEERE** *Morus alba* | aus einer historischen Maulbeerallee<br>zur Seidenzucht Bad Homburg v.d.Höhe |
| **WEISSTANNE** *Abies alba* | Weihnachtsbaum auf dem Schlossplatz<br>in Usingen 2016 |
| **WILDE VOGELKIRSCHE** *Prunus avium* | aus dem Osteinschen Niederwald<br>bei Rüdesheim am Rhein |
| **ZIRBELKIEFER (ARVE)** *Olea europaea* | aus der Nähe von Klausen (Südtirol),<br>Höhe ca. 1700 m ü.M. |
| **ZIRIKOTE** *Cordia dodecandra* | erworben im Holzhandel |
| **ZITRONE (WURZELHOLZ)** *Citrus x limon* | von den Nachbarn der Eltern des Drechslers,<br>ca. 1992 als Setzling aus Italien importiert |
| **ZUCKERAHORN** *Acer saccharum* | aus dem Schlossgarten<br>Bad Homburg v.d. Höhe |

Äpfel aus unterschiedlichen Holzarten, gesammelt und hergestellt in den Jahren 2015 bis 2020
vom Drechsler des Hessenparks, Bernd Lukesch, gestiftet von Michaele Scherenberg, Bad Homburg

🌳 Laubholz   Laubholz, immergrün   Nadelholz   Strauch   Gras   Kletterpflanze   Kletterpflanze, immergrün

# 8 BILDUNG UND VERMITTLUNG

## WISSEN WÄCHST IM GARTEN

Der Bad Homburger Schlosspark ist mehr als schöne Kulisse und Freizeitort. Mit seiner abwechslungsreichen Geschichte und seinen verschiedenartigen Gartenpartien ist er auch ein einzigartiger Lernort. Unter dem Motto „Wissen wächst im Garten" laden die Staatlichen Schlösser und Gärten Hessen dazu ein, sich mit der Historie der komplexen Anlage, seiner Gestaltung und Nutzung sowie mit allgemeinen Natur- und Umweltthemen zu beschäftigen.

Die Ausstellung im Tempel der Pomona ist dabei einer der Ausgangspunkte für vielfältige Informations- und Mitmachangebote: Im Fokus stehen hier Fragen rund um den Apfel und die Birne, Kultur und Wert von Obst, Leben der Honigbienen, Ernährung und Nachhaltigkeit. Das Ziel der Veranstaltungsreihe ist es, Kindern, Jugendlichen und auch Erwachsenen einen begreifbaren, auf eigene Erfahrungen fußenden Zugang zu Natur- und Umweltthemen zu bieten. Daher steht bei „Wissen wächst im Garten" das Erleben, Erforschen und Entdecken im Zentrum. In den Workshops nähern sich insbesondere Kinder und Jugendliche beobachtend und experimentierend ausgewählten Umweltthemen und setzen sich kreativ mit den gewonnenen Erkenntnissen auseinander. Auf spielerische Weise erweitern und vertiefen die Kinder ihr Naturverständnis und ihr Wissen über die Welt, in der sie leben. Als Obstverkoster:innen, Baumentdecker:innen oder Wiesenforscher:innen wird eine individuelle Beziehung zum Garten hergestellt.

▶ Die Farbpalette des Landschaftsgartens im Eierkarton
*Foto: Staatliche Schlösser und Gärten Hessen, Bianca Limburg*

Hierfür bietet der Bad Homburger Schlosspark den idealen Ort. Mit seinen verschiedenen Szenen und Pflanzen bietet er vielfältige Anschauungsmöglichkeiten und fordert den Einsatz aller Sinne. Die jahreszeitlichen Veränderungen, das Wachsen und Altern, können genauso entdeckt werden wie die Lebensräume für Tiere. Ganz nebenbei gewinnen die Teilnehmer:innen dabei auch Einblicke in die Geschichte und einstige Lebenswelt des Bad Homburger Schlosses und seiner Bewohner:innen.

Zukünftig können mit neu angelegten Hochbeeten zusammen mit den Schlossgärtner:innen praktische Erfahrungen in der Kultur von Pflanzen erworben werden. Mit regelmäßigen Mitmach-Angeboten werden im einstigen Gemüsegarten nicht nur Pflanzen kultiviert, sondern auch Wissen über den Anbau und ihre saisonale Verwendung vermittelt. Der Garten wird zu einem Ort der Kommunikation und Weiterbildung.

▶ **Bianca Limburg**
Bildung und Vermittlung, Staatliche Schlösser und Gärten Hessen

▶ Das Kirschblütenmodell im Einsatz
*Foto: Staatliche Schlösser und*
*Gärten Hessen, Elisabeth Weymann*

## VOM „BAUM DER ERKENNTNIS"

Dänische und schwedische Einwanderer sollen die heute in den USA verbreitete Tradition eingeführt haben, Lehrer:innen Apfelmotive zu schenken. Ursprünglich waren es echte Äpfel, die ihnen als Zeichen der Anerkennung für das vermittelte Wissen aufs Pult gelegt wurden: ein leicht beschaffbares und dazu noch köstliches Zahlungsmittel für die Landbevölkerung.

Zu Weihnachten schenkt man sich auch in China aufwändig verpackte und mit Schriftzügen versehene Äpfel als Freundschaftsbeweis und Friedensbotschaft: Das Wort für „Frieden" (平安, píngān) klingt nämlich ähnlich wie das Wort für „Apfel" (苹果, píngguǒ). Heiligabend heißt zudem píngānye: Friedens-Nacht.

## GEFILMTE FANTASIE

Wie ein kleines Fantasiestück taucht der Tempel der Pomona im Schlosspark von Bad Homburg im Objektiv der Kamera auf. Als Filmregisseur, mit Hang zur Kulinarik, bietet der Tempel für historische Apfelsorten eine schier unerschöpfliche Quelle für Desserts. Schon die klingenden Namen dürften die zukünftigen Tischgäste ins Schwärmen bringen. Oder haben Sie sich schon einmal eine Tarte aus gestreiften Matäpfeln auf der Zunge zergehen lassen?

Beim Filmen im Tempel der Pomona ließen wir uns von den klingenden Namen der historischen Apfelsorten in Stimmung versetzen: Gelber Bellefleur; Freiherr von Berlepsch; Goldrenette von Blenheim. Eine spannende Herausforderung, die kunstvollen Einzelexponate und damit die einstige Sortenvielfalt der Äpfel in Szene zu setzen.

Der nächste Besuch an der schnöden Obsttheke im Supermarkt führt dagegen in die Realität zurück. Einen Film über die Äpfel und ihre vielfältige Geschichte machen zu dürfen, ist wie eine Verneigung vor dem alten Obst, das mit den Nachpflanzungen im Schlosspark wieder ein Stück Zukunft erfahren darf.

Zu sehen auf:
www.TempelderPomona.de
YouTube: Staatliche Schlösser und Gärten Hessen/
schloesserundgaerten hessen

▶ Das Media Atelier aus Mainz bei den Drehaufnahmen
*Foto: Staatliche Schlösser und Gärten Hessen, Inken Formann*

▶ **Jürgen Czwienk**
Media Atelier, Mainz

# #PARKISART:
# DER SCHLOSSPARK AUF INSTAGRAM

Über das ganze Jahr bieten historische Parks und Gärten wie Bad Homburgs Schlosspark eine Fülle schöner Ansichten. Fotos und Videos von ihnen werden gerne in den sozialen Medien wie Instagram gepostet. Besuchende teilen ihre Erlebnisse mit und staatliche Verwaltungen sowie Stiftungen des öffentlichen Rechts in Deutschland stellen sie als Teil des Kulturerbes vor. Seit dem Jahr 2020 stehen sie in den digitalen Foren nicht mehr nur als Sehenswürdigkeiten und Erholungsräume, sondern auch als Werke der Gartenkunst im Blickpunkt.

Von den Preußischen Schlössern und Gärten Berlin-Brandenburg ging eine Initiative aus, die einen nötigen Perspektivwechsel anstößt: Unter dem Hashtag #ParkIsArt wird nun verstärkt der jeweils einzigartige kulturhistorische Wert dieser Anlagen betont. Als begehbare Kunst und Geschichte sind historische Gärten und Parks nicht einfach Grünflächen für jede Form der Freizeitbeschäftigung. Sie sind vielmehr besonders sensibel zu erhaltende Kulturdenkmale, die Wissen und Geschichten bergen und zugleich zur Entschleunigung des digitalen Alltags beitragen.

@schloesserundgaertenhessen
@wissenwaechstimgarten

▶ **Elisabeth Weymann**
Pressesprecherin, Staatliche  Schlösser und Gärten Hessen

▶ Der Schlosspark als Ort der
Ruhe und Entspannung
*Foto: Staatliche Schlösser und
Gärten Hessen, Olli Heimann*

# 9 UNSERE PARTNER:INNEN

## DANKE!

Der Tempel der Pomona wurde im Mai 2020 wiedereröffnet.

Die Eröffnung der Dauerausstellung zur Obstkultur musste aufgrund der Corona-Pandemie auf 2021 verschoben werden.

Die Staatlichen Schlösser und Gärten Hessen danken allen Förderern und Mitwirkenden:

**HAUPTFÖRDERER**
Kuratorium Bad Homburger Schloss

**FÖRDERER**
Peter und Christa Blanke – Stiftung
Klaus Heller
Dr. Dieter Klaus Moecke
Dieter Jung
Lions Förderverein Bad Homburg Kaiserin Friedrich
Petra Petereit
Dr. Ulrich Pohl
Klaus Walter
Michaele Scherenberg
Bernd Lukesch
Steffen Kahl

**STIFTER:INNEN,**
die einen Ziegelstein erworben haben.

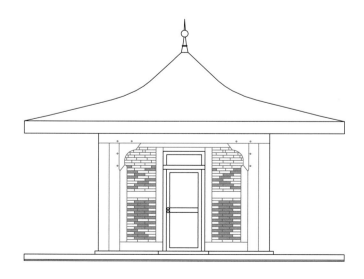

FIDI.B

Hanne Fritzl

GREETJE

Monika Weil

Monika + Peter Scherf

Familie Merle Peselmann

Andrea + Ulrich Jacke

Lutz Schenkel

Andreas + Heike & Franziska & Philipp Kaffka

Martin Hennecke

MARTIN H. 12.4.

Alfred Schnarr

SCHULTZ H u. M.

CHRISTINE

Rüdiger Isabelle Alexander Bonte 🏠 2011

MALENA KöCKE    Familie Kayser

Harry + Inez    DOROTHEA WIPPERMAN

Andrea + Ulrich Jacke

Helge Schnarr

Anita & Paul Rink 24.04.17    Eleonore Fromm

Johanna + Jakob    JASPER KÖCKE

JUSTUS RUPPRECHT    A. u. U. HARBARTH

LINUS    Gabriele Peter Müller 🌸

R. + B. Zellekens    JAN HENDRIK BERG

SEAN    HANNAH

HENRY    CAYDA

DANIEL    Antonie van d. HUS

NEIL    Russischsprachiger KulturcluB BH

INGRID u. Heinz Jürgens    Andrea + Ulrich Jacke

Andrea + Ulrich Jacke    FROMM K•M

MATHILDA RUPPRECHT    DAGMAR

Jeppe Brogaard    DIETER

FRANZISKA    Ursula H. 🌿

Wilma u. Martin Straub geb. Moses    Monika u. Albert Weil

Ariane Seeger

Ilona K. Hinter den Rahmen    PAMELA

Melanie K. 2017    JÜRGEN M. RUMBOLD

Monika u. Albert Weil

Antonie Thiel 🎀    ELISABETH RUMBOLD

KATRIN    SCHMITZ W•J

LUCAS    Fam. Ernst 🌿

BOUFALJA Georgia

Hengstmann    Valentina + Paula

MONIKA 24.4.

NOAH u. JANNE

FLORIAN    ANITA

BARBARA STREGE    JKF e.V. 🌳

MYLO 23.12.2011    BERND STRAUB 23.04.2017

Max Peterseim 🏛    Wolfram 💚 Ariane 💜

## KURATORIUM
## BAD HOMBURGER SCHLOSS

Mitglieder des Rotary Clubs Bad Homburg-Schloss gründeten am 5. März 1982 das „Kuratorium zur Erneuerung der Bad Homburger Schlosskirche ". Nach intensiver Planung und unermüdlichem Einsatz vom Kuratorium für die Schlosskirche erfolgte am 10.03.1989 in Anwesenheit des stellvertretenden Ministerpräsidenten Dr. Wolfgang Gerhardt, Herrn Oberbürgermeister Wolfgang Assmann, dem Vorsitzenden des Kuratoriums Wolfgang Bersch und über 400 Ehrengästen die festliche Wiedereröffnung.

Im Zuge erweiterter Aufgaben und Ziele für das Kuratorium kam es am 10.03.2009 zur Umbenennung in „Kuratorium Bad Homburger Schloss".

Seit mehr als 20 Jahren veranstaltet das Kuratorium in der Schlosskirche Orgelmatineen. Dort besteht für alle Besucher jeden zweiten Samstag im Monat die Möglichkeit vormittags unsere Stipendiaten bzw. Stipendiatinnen an der Orgel zu erleben und Mitglieder unseres Vorstandes zu kontaktieren.

Weitere Informationen über uns erhalten Sie unter:
www.kuratorium-schloss.de

▸ **Karl-Josef Ernst**
1. Vorsitzender, Kuratorium Bad Homburger Schloss

**Einzelne Projekte des Kuratoriums
Bad Homburger Schloss:**

**1986–2010**
Stiftungen von verschieden-
artigen Bäumen für den
Schlosspark

**1999**
Neuanstrich des „Weißen
Turmes", Wahrzeichen der
Stadt Bad Homburg

**2002**
Instandsetzung der Roma-
nischen Halle im oberen
Schlosshof

**2002/03**
Wiederherstellung des Herr-
schaftlichen Obstgartens im
Schlosspark

**2005**
Aufstellung von fünf Informa-
tionstafeln im Schlosspark: an
der Orangerie, der „Fantasie",
am Steinbruch „Goethes Ruh",
der Libanonzeder und im
Herrschaftlichen Obstgarten

**2005–2006**
Initiierung und Förderung
einer Ausstellung „Homburger
Hölderlin" im Bibliotheksflügel
des Bad Homburger Schlosses.
Eröffnung am 12. September
2006 in Anwesenheit von Herrn
Minister Udo Corts

**2006–2007**
Mitarbeit und Mitfinanzierung
für das bronzene Tastmodell
von Schloss und Schlosspark
mit Standort im Vestibül des
Schlosses

**Ab 2009**
Vergabe von über 100 Baum-
patenschaften im Herr-
schaftlichen Obstgarten im
Schlosspark

**2010**
Förderung der Restaurierung
und Instandsetzung des
Königsflügels mit den Kaiser-
appartements

**2011–2018**
Gründung der Stiftung „Erhaltung Bad Homburger Schloss
gGmbH" aus dem Kuratorium
heraus

Über 40 Einzelstücke wurden
mithilfe der Spenden von
Bad Homburger Bürgern und
Service-Clubs restauriert

**2014**
Restaurierung und Neuan-
strich des „Weißen Turmes"

**2014–2017**
Idee, Planung und Betreuung
des Umbaus des „Neuen
Eingangs" mit Garderobe in
die Schlosskirche

**2016–2020**
Initiierung des Aufbaus des
alten Teehauses bzw. Förde-
rung der Rekonstruktion des
„Tempels der Pomona" im
Schlosspark

## MUSEUM SINCLAIR-HAUS – EIN AUSSTELLUNGSHAUS FÜR KUNST UND NATUR

Seit über zehn Jahren bestehen die enge Partnerschaft und der intensive Austausch zwischen dem Schlosspark Bad Homburg und dem benachbarten Museum Sinclair-Haus. Seit 2017 ist das Museum Teil der Stiftung Nantesbuch, die seit 2021 unter dem Namen Stiftung Kunst und Natur handelt.

Der Schlosspark ist ein vielfach erprobter und geschätzter Ort für die Vermittlungs-, und Bildungsangebote des Museums. Workshops mit Teilnehmer:innen jeden Alters, künstlerische Spaziergänge, Konzerte und das langjährige Kooperationsprojekt mit der Hölderlin-Schule finden auf den Wiesen, zwischen den Bäumen, am Teich und in der Orangerie des Parks statt.

Ein Team aus Künstler:innen und Vermittler:innen der Bereiche Bildende Kunst, Musik, Tanz, Gestaltung, Schauspiel und Literatur entwickelt, ausgehend von den Themen der Ausstellungen, ein interdisziplinäres Programm. Impulse aus der Philosophie, den Naturwissenschaften, der Literatur bis hin zum praktischen Gärtnern werden dabei aufgegriffen. Auf diese Weise lassen sich Kunst und Natur kreativ und sinnlich, dialogisch und experimentell erfahren.

Immer wieder wird das Museumsatelier ins Grüne verlegt. Die Wäschewiese des Schlossparks dient dann als Freiluft-Atelier, dank der guten nachbarschaftlichen Kooperation mit den Staatlichen Schlössern und Gärten Hessen. „Grünes Zimmer" benannten die Kinder der Ferienkurse den Arbeitsort der Kunstvermittlung im Schlosspark: eine von drei Buchenhecken und einer Schlossmauer gesäumte Wiese.

Stiftung
Kunst
und Natur

Museum
Sinclair-Haus

▶ Im Ferienkurs nehmen Kinder Insektengeräusche auf
*Foto: Museum Sinclair-Haus, 2019*

Begleitend zu seinen Ausstellungen gibt das Museum Sinclair-Haus die **„Blattwerke"** heraus. Die Hefte bieten eine Ideensammlung für Kinder, Jugendliche und Erwachsene, denen hier Hintergründe zu den Themen der Ausstellungen und den gezeigten Objekten vorgestellt werden. Darüber hinaus enthalten sie Anregungen, um selbst kreativ zu werden. Spielerische Zugänge sollen die Lust wecken, sich mit allen fünf Sinnen mit einem Thema zu beschäftigen, zeitgenössischer Kunst, Wissenschaft und Natur auf neuen Wegen zu begegnen und andere Perspektiven kennenzulernen – experimentell und assoziativ, philosophisch und kritisch.

**Blattwerke** „**Früchte**" zum kostenfreien Download: https://kunst-und-natur.de/museum-sinclair-haus/vermittlung/blattwerke/blattwerke/blattwerke-03-fruechte

**Denkanstoß:**
Besorge Dir fünf unterschiedliche Apfelsorten.
▶ Wie riecht jeder einzelne Apfel? Kannst Du Dir die Düfte einprägen und sie mit geschlossenen Augen am Geruch wieder erkennen? Befühle die Äpfel, ihre Formen und die Schale – könntest Du sie wiedererkennen, ohne hinzuschauen? ▶ Betrachte Deine Äpfel. Welche Farbe haben sie außen und innen, wie unterscheidet sich das Fruchtfleisch? ▶ Stell Dir vor, Du bist eine Fruchtfliege – welchen Deiner Äpfel würdest Du bevorzugen? ▶ Zeichne Deinen Apfel mit dem Bleistift. Zeichne die Außenform. Schneide einen Apfel einmal längs und einen anderen einmal quer durch und zeichne dann noch einmal seine Form und sein Innenleben.

▶ Kinder bei der Abschlussaufführung eines Ferienkurses in Goethes Ruh
*Foto: Museum Sinclair-Haus, 2019*

▶ **Kristine Preuß, Manuela Büchting**
Leiterin und Referentin der Kunstvermittlung im Museum Sinclair-Haus

## STADT BAD HOMBURG UND LANDGRÄFLICHE GARTENLANDSCHAFT

Der von den Staatlichen Schlössern und Gärten Hessen unterhaltene Schlosspark ist Teil der ab 1770/71 angelegten Landgräflichen Gartenlandschaft in Bad Homburg v. d. Höhe, deren übrige Gärten von der Stadt Bad Homburg gepflegt werden.

Landgraf Friedrich V. Ludwig von Hessen-Homburg schuf mit der 2,5 km langen Tannenwaldallee eine pappelbestandene Achse vom Schloss in Richtung Taunus. Zunächst entstanden daran angegliedert fünf Gärten für seine Söhne, die Gartenanlage des Kleinen Tannenwalds für seine Frau Karoline und der Große Tannenwald für ihn selbst. Die Nachfolgegeneration, Landgraf Friedrich VI. Joseph und dessen Frau Elisabeth von Hessen-Homburg, dehnte die Achse mit der Elisabethenschneise bis zur Landesgrenze an den Limes aus und führte die Einzelpartien auf etwa 360 ha in ein raumübergreifendes, grünes Gesamtkonzept zusammen.

Seit dem Jahr 2000 arbeitet die Stadt Bad Homburg in Partnerschaft mit den Staatlichen Schlössern und Gärten Hessen an der Wiederherstellung und zeitgemäßen Erweiterung der Gartenlandschaft. Neben Maßnahmen zur Instandsetzung, gemeinsamen Vermittlungsangeboten und Kooperationen in der Pflege ist auch die Gewährleistung der Wasserversorgung ein verbindendes Projekt. Seit 2019 sind beide Institutionen mit der Landgräflichen Gartenlandschaft Teil des Europäischen Gartennetzwerks EGHN.

▶ Die Pappeln der Tannenwaldallee
*Foto: Staatliche Schlösser und Gärten Hessen, Oana Szekely*

▶ **Alexander W. Hetjes**
Oberbürgermeister, Stadt Bad Homburg v. d. Höhe

## KÜCHENGARTEN-NETZWERK e.V.

Das Küchengarten-Netzwerk versucht das Wissen um die alten Küchengärten und die Raffinesse und Vielfalt der darin einst kultivierten Nutzpflanzen wiederzubeleben.

Ohne die hochwertige Nahrungsmittelproduktion in den ehemals herrschaftlichen Küchen- und Obstbaumgärten hätte sich die europäische Koch- und Esskultur nicht entwickeln können. Umso erstaunlicher ist es, dass die herausragende Bedeutung der alten Küchengärten nahezu unbekannt ist.

Einst wurde in diesen besonderen Orten gartenbauliche Kultur, Forschung und Ausbildung auf höchstem Niveau betrieben. Spezialisierte Küchengärtner kultivierten hier hochwertiges Gemüse, Obst, Kräuter, Salate und Heilpflanzen, in einer heute kaum noch vorstellbaren Arten- und Sortenvielfalt. Dabei entwickelten die Gärtner nicht nur ganz neue und äußerst innovative Anbau- und Kulturmethoden, sondern verbesserten auch die Nahrungsmittellagerung. Dies führte dazu, dass einzelne Gemüse- und Obstsorten, weit über den Erntezeitpunkt hinaus, in sehr guter Qualität in der Küche verfügbar waren.

▶ **Jost Albert**
Sprecher des Küchengarten-Netzwerks und
Leiter der Gärtenabteilung der Bayerischen Schlösserverwaltung

# DEUTSCHE GARTENBAUBIBLIOTHEK e.V.

Der Verein „Deutsche Gartenbaubibliothek e.V." – früher „Bücherei des Deutschen Gartenbaues e.V." – unterhält die größte Spezialbibliothek für Gartenliteratur in Deutschland. Sie umfasst mehr als 55.000 Bände, davon 24.000 Monographien und ist eine für ganz Europa bedeutende Spezialbibliothek für Gartenschriften aller Zweige. Viele Titel sind in Deutschland nur hier nachgewiesen. 3.500 Monographien und 4.000 Zeitschriftenbände im Bestand sind vor 1900 erschienen. Das älteste Buch stammt von 1529, die älteste Zeitschrift von 1783.

Ein Schwerpunkt der Sondersammlung ist die Bibliothek des 1860 gegründeten und 1919 aufgelösten Deutschen Pomologen-Vereins. Einige pomologische Hauptwerke hieraus wurden von dem Verein mit Hilfe einer Spende der Landwirtschaftlichen Rentenbank digitalisiert und online verfügbar gemacht, darunter die 27 Bände von Diels Kernobstsorten (1799–1806), Lexa von Aehrenthals Deutschlands Kernobstsorten (1833–42), die 15 Bände Illustrirtes Handbuch der Obstkunde von Oberdieck, Lucas und Jahn samt ihren Fortsetzungen (1855–1886) und die 51 Jahrgänge der Pomologischen Monatshefte (1856–1905). Der Verein ist laufend bemüht, den Bestand durch noch fehlende pomologische Werke zu ergänzen. Zusätzlich kann eine Kartei mit ca. 170.000 Literaturnachweisen zum Obstbau seit dem Ende des 18. Jahrhunderts bis 1980 konsultiert werden.

▶ **Dr. Clemens Alexander Wimmer**
Vorsitzender der Deutschen Gartenbaubibliothek e.V.
http://gartenbaubibliothek.de

# POMOLOGEN-VEREIN e.V.

Die Pomologie ist die Lehre von den Obstarten und Obstsorten und umfasst deren Bestimmung, Beschreibung, Empfehlung und Erhaltung. Der Name ist von der römischen Göttin des Obst- und Gartenbaus Pomona abgeleitet. Im Zeitalter der Pomologie gab es den „Deutschen Pomologenverein" (1860–1919), der in seiner Blütezeit über 6.000 Mitglieder zählte. In dieser Tradition hat sich 1991 der heutige Pomologen-Verein gegründet.

Die Ziele des Vereins sind vielfältig und umfassen in erster Linie:
▶ Wiederauffinden, Identifizieren, Erhalten und Wiederein-
bürgern von alten Obstsorten
▶ Obstausstellungen und Sortenbestimmungstermine
▶ Anlage von Sortengärten, Beratung bei Neupflanzungen
▶ Aufbau des Erhalternetzwerkes Obstsortenvielfalt
▶ Austausch und Zusammenarbeit mit Baumschulen, Vereinen und Institutionen, die den Erhalt der Sortenvielfalt im In- und Ausland fördern
▶ Seminare für Sortenkunde und Obstbaumpflege, Fach-
tagungen, Exkursionen
▶ Herausgabe eines Jahrbuchs und weiterer Veröffentlichungen
▶ Sammeln und Bewahren historischer Obstliteratur
▶ Herausgabe von Reprints alter Obstsorten-Werke

**Landesgruppe Hessen des Pomologen-Vereins:**
Seit 1997 treffen sich hessische Mitglieder und Freunde alter Obstsorten regelmäßig zum Erfahrungsaustausch. 1999 gründete sich der „Runde Tisch Alte Obstsorten" im Naturschutz-Zentrum Hessen in Wetzlar. Inzwischen ist die Zahl der hessischen Mit-glieder auf über 300 angewachsen und es findet regelmäßig ein eifriger Austausch an Erfahrungen statt. Dabei sind die soge-nannten „Reiserbörsen" besonders beliebt, da hier Edelreiser

seltener Sorten getauscht und somit gesammelt werden können. Aber auch Exkursionen zu pomologisch interessanten Gebieten und Einrichtungen stehen auf dem Programm. Die Kampagne zur „Hessischen Lokalsorte des Jahres" fördert insbesondere Sorten wie 'Gacksapfel', 'Siebenschläfer' und 'Körler Edelapfel'. Alle bisherigen „Hessischen Lokalsorten des Jahres" (seit 2002/2003) sind in einem eigenen Faltblatt beschrieben und inzwischen auch als SOMSO-Fruchtmodell erhältlich. Auf Apfeltagen und anderen Veranstaltungen rund um die Obstwiese geben Fachleute und Sortenkenner:innen ihr Wissen weiter. Hier besteht häufig die Möglichkeit, mitgebrachte Fruchtproben von Pomologen bestimmen zu lassen. Ferner ist die Landesgruppe regelmäßig mit großen Sortenausstellungen präsent, zum Beispiel bei Kelterfesten, auf den „Hessischen Pomologentagen" in Naumburg oder bei „Apfelwein weltweit" in Frankfurt. In einem Streuobstgebiet bei Butzbach-Ostheim wurde die sogenannte „Pomologen-Wiese" angelegt, auf der seltene, insbesondere nach alten Pomologen benannte Sorten kultiviert werden.

Die Landesgruppe Hessen steht allen offen, die Obstbäume besitzen, pflegen und neue Bäume pflanzen möchten. Aktuelle Informationen und Termine sind auf der Internet-Seite www.pomologen-verein.de/hessen zu finden.

▶ **Steffen Kahl**
Streuobstfachkraft und Pomologe, Pomologen-Verein e.V.

## VERANTWORTLICHE

**DIREKTORIN**
Kirsten Worms

**BAUDENKMALPFLEGE**
Dr. Anja Dötsch, Nils Wetter
(Staatliche Schlösser und Gärten Hessen)

**PROJEKTLEITUNG GEBÄUDE**
Susanne Erbel
(Staatliche Schlösser und Gärten Hessen)

**ZIMMERMANNSARBEITEN**
Fa. Euler, Butzbach

**DACHDECKERARBEITEN**
Fa. Bärdges, Sulzbach

**MAURERARBEITEN**
Fa. Bau Linke, Bad Homburg

**SANDSTEINARBEITEN**
Fa. Dengel, Schöntal-Berlichingen

**BAUTISCHLERARBEITEN**
Holzbau Wagner, Braubach

**PUTZ- UND MALERARBEITEN**
Fa. Reichwein, Hadamar

**MALERARBEITEN**
Fa. Steuernagel und Lampert,
Groß Bieberau

**ELEKTRIK**
Fa. Oliver Weyand, Bad Homburg

**AUSSTELLUNGSGESTALTUNG**
STUDIO FORELL, Deidesheim

**INHATLICHE KONZEPTION, TEXTE, KATALOG**
Dr. Inken Formann
(Staatliche Schlösser und Gärten Hessen)

**GRAFIKDESIGN + GRAFIKSATZ**
STUDIO FORELL, Deidesheim

**GRAFIKPRODUKTION**
Fa. Oschatz Visuelle Medien, Wiesbaden

**AUSSTELLUNGSBAU +
AUSSTELLUNGSBELEUCHTUNG**
Fa. Furch Gestaltung + Produktion, Stuttgart

**EXPONATMONTAGE**
ArtBrothers GbR, Frankfurt

**NATURGETREUE APFELMODELLE**
Fa. SOMSO, Coburg
mit Ernte des Pomologen-Vereins e.V.

**HOLZÄPFEL**
Bernd Lukesch, Usingen
gestiftet von Michaele Scherenberg

**3D-DRUCK APFELMODELL**
ncd nietfeld GmbH, Friedrichshafen

**GARTENDENKMALPFLEGE**
Dr. Inken Formann, Peter Vornholt
(Staatliche Schlösser und Gärten Hessen)

**GRUNDLAGENFORSCHUNG BAU- UND GARTENGESCHICHTE**
Michael Karkosch, Dr. Erik Reutzel,
Katharina Saul, Anke Schmitz,
Marie-Luise Welz, Peter Vornholt
(Staatliche Schlösser und Gärten Hessen)

**FACHLICHE BERATUNG AUSSTELLUNG**
Steffen Kahl, Pomologen-Verein e.V.
Bernd Lukesch, Usingen

**LANDSCHAFTSGÄRTNERISCHE ARBEITEN**
Peter Vornholt, Mark Winzer, Maximilian
Schmidt und Team der Schlossgärtner:innen
(Staatliche Schlösser und Gärten Hessen)

**SANDSTEINBANKBÄNKE**
Fa. Peter Walz Natursteine GmbH,
Oberzent-Sensbachtal
Anton Färber, Bad Homburg

**GEHÖLZE**
Baumschule Ley, Meckenheim

**PRESSE- UND ÖFFENTLICHKEITSARBEIT**
Elisabeth Weymann, Dr. Susanne Király
(Staatliche Schlösser und Gärten Hessen)

Entdecken Sie unser Veranstaltungsprogramm:
www.TempelderPomona.de
www.schloesser-hessen.de

## WEITERFÜHRENDE LITERATUR

Sofia Blind: Die alten Obstsorten. Geschichten, Rezepte und Anbautipps.
Von Ananasrenette bis Zitronenbirne. Köln 2020.

Lutz Grope (Hrsg.): Beste Birnen bei Hofe.
(Potsdamer Pomologische Geschichten), Potsdam 2004.

Marina Heilmeyer (Hrsg.): Äpfel fürs Volk
(Potsdamer Pomologische Geschichten), Potsdam 2002.

Marina Heilmeyer (Hrsg.): Kirschen für den König.
(Potsdamer Pomologische Geschichten), Potsdam 2001.

Steffen Kahl, Robert Scheibel: Erhaltenswerte Obstsorten für Hessen,
5. aktualisierte und erweiterte Auflage, Aßlar 2019.

Günther Liebster: Der deutsche Obstbau seit dem 18. Jahrhundert, in:
Geschichte des deutschen Gartenbaus, Stuttgart 1984, S. 143-205.

L. März: Das Apfelhandbuch. Wissenswertes rund um den Apfel,
Hamburg 2011.

Gerd-Helge Vogel: Chinoise Architekturen in deutschen Gärten:
Ein kleines Lexikon, Weimar 2014.

Clemens Alexander Wimmer: Geschichte und Verwendung alter Obstsorten.
(Deutsche Gesellschaft für Gartenkunst und Landschaftskulture e.V.),
Berlin 2008.

# WEITERFÜHRENDE LINKS

Arche Noah – Gesellschaft für die Erhaltung der
Kulturpflanzenvielfalt & ihre Entwicklung:
http://www.arche-noah.at

BUND-Lemgo Obstsortendatenbank
http://www.obstsortendatenbank.de

Bundesanstalt für Landwirtschaft und Ernährung (BLE):
Rote Liste der gefährdeten Nutzpflanzen in Deutschland:
https://pgrdeu.genres.de/rlist

Deutsche Gartenbaubibliothek e.V. – Größte Spezialbibliothek
für Gartenliteratur in Deutschland:
http://gartenbaubibliothek.de

Deutsche Gartenbaubibliothek e.V. – Pomologien digital:
http://gartentexte-digital.ub.tu-berlin.de/pomologie

KüchengartenNetzwerk – Nutzpflanzen in historischen Gärten:
http://www.kuechengarten.net

Kuratorium Bad Homburger Schloss e.V.
https://www.kuratorium-schloss.de

Pomologen-Verein e.V.:
https://www.pomologen-verein.de

Staatliche Schlösser und Gärten Hessen
https://www.schloesser-hessen.de

(Stand: 09.04.2021)

**HERAUSGEBERIN**
Staatliche Schlösser und Gärten Hessen (SG)
Dr. Inken Formann, Kirsten Worms
Schloss
61348 Bad Homburg v. d. Höhe
Tel. +49 6172 9262-0
info@schloesser.hessen.de
www.schloesser-hessen.de

**VERANTWORTLICH FÜR INHALT UND BILDER**
Dr. Inken Formann und Katharina Saul, Staatliche Schlösser und Gärten Hessen
Frank Forell, STUDIO FORELL

**LEKTORAT**
Elisabeth Weymann und Katharina Saul, Staatliche Schlösser und Gärten Hessen

**GESTALTUNG**
STUDIO FORELL

Alle Grafiken: Stefka Simeonova, STUDIO FORELL
Titelfoto: Uwe Dettmar, Frankfurt am Main

**DRUCK**
Gutenberg Beuys Feindruckerei GmbH, Langenhagen

Der Druck des Katalogs wurde gefördert mit Mitteln des Kuratoriums Bad Homburger Schloss e.V. und der Stiftung Tannenwaldallee, Christa und Dr. Wilfried Hollenberg, Bad Homburg v. d. Höhe.

© **2021 MICHAEL IMHOF VERLAG GMBH & CO. KG**
Stettiner Str. 25
D-36100 Petersberg
Tel.: +49 661 2919166-0
Fax: +49 661 2919166-9
info@imhof-verlag.de
www.imhof-verlag.de

Dieses Buch erscheint zur Ausstellung im Tempel der Pomona im Schlosspark Bad Homburg.

Weitere Informationen, auch zum Begleitprogramm, auf
www.TempelderPomona.de
www.schloesser-hessen.de

ISBN 978-3-7319-1156-2